학부모의
진짜 공부

성공적인 자녀로 키우는 창의형 학습전략

학부모의 진짜 공부

성공적인 자녀로 키우는 창의형 학습전략

정의석 지음

씽크북

네 번째 공부

소신있는 학부모되기 전략A-Z

다섯 번째 공부

학생들은 어떻게 자라나야 하는가?

개인 과외를 받는 대학생들이 늘어나고 있습니다. 취업에 필요한 영어 능력이나 스펙을 준비하는 것과는 별개로 그들은 좋은 학점을 받기 위해 선생님을 찾습니다. 선생님의 종류도 다양합니다. 다른 학과 전공의 또래인 경우도 있고, 과외를 받으려는 영역과 관련된 업무에 종사하는 직장인도 있습니다.

과외 받는 대학생이 주로 이용하는 방법은 인터넷입니다. '과외 코리아', '과외 천국', '과외 구하기 프로젝트' 등의 인터넷 사이트를 살펴보면 대학 전공과목을 지도해 줄 사람을 구한다는 글이 종종 발견됩니다. 과외가 혼자 공부하는 것보다 효과적이라는 인식이 확산되면서 대학생을 대상으로 한 과외 선생님의 수요는 지속적으로 늘어나고 있습니다.

이처럼 대학생들이 과외 선생님을 찾게 된 원인은 무엇일까요? 무엇보다도 저는 학생들이 스스로 생각하고 공부할 수 있는 능력을 갖추지 못한 것이 가장 큰 원인이라고 생각합니다. 한국에서 태어난 평범한 아이가 직장인이 될 때까지 배우는 것을 떠올려 봅시다. 그 중 아이가 스스로 생각하고 마무리 한 일의 비율은 얼마나 될까요? 학원과외와 주입식 교육에 얼룩진 아이들을 생각해본다면 그 비율이 상당히 낮을 것이라는 사실을 어렵지 않게 떠올릴 수 있습니다. 자기주도학습이 얼마전까지 교육계의 뜨거운 화두였음에도 불구하고 학생들이 스스로 공부할 수 있는 환경을 만들려면 아직 해결해야 할 과제가 많습니다.

아이들을 과도한 사교육으로 내모는 학부모에게도 일부 원인이 있습니다. 우리나라의 학부모들은 여전히 교육에 대한 맹목적인 믿음을 갖고 있습니다. 교육을 통해 더 높은 사회적 지위와 경제적 부를 얻을 수 있다는 믿음, 그리고 이렇게 얻은 것들이 자녀의 행복을 절대적으로 지켜줄 수 있다는 믿음이 그것입니다. 이 때문에 학부모는 본인의 희생을 감수하고서라도 자녀 교육에 모든 것을 던집니다.

그러나 요즘에는 이런 믿음이 조금씩 깨지고 있습니다. 명문대에 입학해도 취업은 똑같이 힘듭니다. 혹 취업에 성공한다고 해도 명문대 타이틀이 성공을 보장해주지 않습니다. 높은 사회적 지위를 바라는 사람들의 입장도 비슷합니다. 우리가 선망하는 의사, 법조인 등의 직업 역시도 이전만큼 안정적인 수입을 만들어 낼 수 없습니다. 그러나 부모님들은 과거의 성공 방정식에 갇힌 채 다른 생각을 하지 않습니다. 처음 세상에 나온 아이에게 행복을 선물해주겠다고 다짐했던 사실을 까맣게 잊어버린 채, 자신들이 옳다고 생각하는 바를 자녀에게 강요하는 것이죠.

우리가 이 세상을 살아가는 이유는 무엇일까요? 저는 자신이 원하는 일을 하며, 이를 통해 얻은 유무형의 자산을 주변에 보태어 살기 좋은 사회를 만드는데 일조하는 것이 우리가 궁극적으로 가져야 할 목표라고 생각합니다. 이 목적을 달성하는데 큰 걸림돌이 되는 것이 바로 자녀 교육에 대한 부모님의 관점입니다. 아이의 입장에서 공부의 의미와 목적을 생각하지 않고 자신의 의견만을 주장하다 보면 결국 아이와 부모 모두 불행해 질 것입니다.

아인슈타인은 '어떤 바보라도 알 수 있다. 핵심은 이해하고 적용하는 것이라는 걸 말이다' 라는 말을 남겼습니다. 한국의 학생과 학부모들에게 이 말은 매우 의미심장하게 다가옵니다. 많은 곳에서 지식을 익히지만 정작 이를 살면서 활용할 수 있는 지혜를 지닌 이가 많지 않기 때문입니다. 지혜는 학교수업으로 얻을 수 있는 것이 아닙니다. 오히려, 사는 동안 노력하며 깨달아야만 지혜의 문을 열 수 있습니다. 지금 보고 계신 이 책이 독자 분들께 교육에 대한 지혜를 얻는데 도움이 되기를 간절히 소망합니다.

좋은 아이로 만들어 드립니다,
그러나……

강남초등학생의
방학시간표

👤 노는 만큼 성공한다?

'노는 만큼 성공한다'라는 책이 있습니다. 이 책의 저자인 김정운 교수는 대한민국에 사는 사람들이 놀이 문화에 대해 알지 못할 수 밖에 없는 팍팍한 현실을 비판하며 우리에게 즐길 수 있는 취미와 자기만의 시간을 만들라고 강조했습니다. 정도는 다르지만 이 글을 읽는 모든 분들은 나름대로의 스트레스를 갖고 있을 것입니다. 안타까운 건 쌓인 스트레스를 풀 시간이 많지 않다는 점입니다.

그렇다면 아이들은 어떨까요? 'EBS 다큐프라임 – 초등성장보고서'에서 진행한 재미있는 설문조사를 통해 우리는 이에 대한 해답을 찾을 수 있습니다. 전국의 초등학생 1,000명을 대상으로 '자신의 놀이시간이 충분하다고 생각하는지'를 묻는 설문의 결과는 어땠을까요? '나는 충분히 잘 놀고 있다'고 긍정적인 답변을 한 친구들의 비율은 61%로 꽤 높은 편이었습니다. 학교나 학원 수업으로 생긴 부담 때문에 잘 놀지 못하고 있다는 우리들의 통념과는 상당히 다른 결과였습니다.

그런데 위의 결과가 진실인지 확인하기 위해 실제 아이들이 어떻게 놀고 있는지를 살펴본 결과 놀라운 점이 발견되었습니다. 놀아줄 친구를 찾느라 시간을 허비하는 아이, 컴퓨터 앞에만 앉아있는 아이, 시간이 없어 아예 놀 생각을 접어두고 빈둥거리는 아이 등 그 실태가 천태만상이었기 때문입니다. 아이들은 '학교가고 학원가고, 밥먹고 잠자는 시간'을 제외한 모든 시간을 노는 것이라고 생각했습니다. 사전에서 말하는 놀이의 정의가 '여러 사람이 모여서 즐겁게 노는 일'임에도 불구하고, 아이들은 이를 정확하게 알지 못한 채 혼자서 멍하게 지내는 것까지도 노는 시간에 포함시켰던 것이죠.

이런 성향이 극단적으로 나타나는 곳이 바로 사교육의 메카인 서울 강남입니다. 공부를 잘하는 아이들이 모여 1등을 놓고 치열하게 경쟁하는 이곳을 바라보는 사람들의 시선은 복잡합니다. 긍정적인 시선으로 바라보는 사람들도 있고 그렇지 않은 사람들도 있기 때문이죠. 대개 학부모는 이들의 뛰어난 학업능력을 부러워합니다. 초등학교를 마칠 때쯤에 거의 대부분 중학교 1학년 과정을 끝내는 이들의 무시무시한 능력에 여기저기서 감탄이 터져 나옵니다. 심지어 학생들은 이 시기에 중학교 2학년이나 3학년 과정을 모두 마치고 고등학교 시험을 준비하기도 합니다.

하지만 이런 결과를 긍정적으로만 바라볼 수는 없습니다. 뛰어난 학업능력을 갖추기 위해 아이들이 개인시간을 포기해야 했기 때문입니다. 실제 인터넷에서 '강남 초등학생의 방학시간표'라는 키워드를 입력해보면 기상시간부터 잠들 때까지 쉴 틈 없이 짜인 그들의 일정을 어렵지 않게 찾을 수 있습니다. 학원에서 발표하는 강의시간에 자녀들을 맞추기 위해 공부 시간표를 직접 관리하는 학부모도 조금씩 늘어나는 추세입니다.

최고의 교육을 제공하기 위해 이토록 전전긍긍하는 태도는 궁극적으로 아이들에게 좋지 않습니다. 공부를 잘하려면 부족한 점이 무엇인지 학습자가 스스로 찾고 보완하는 과정을 반복해야 합니다. 요즘 많은 사람들이 주장하는 '자기주도학습'입니다. 그러나 사교육에 대한 의존도가 높은 학생들은 시간표를 혼자서 짜지 못하고 학원이나 부모님이 정해 주는 일정을 그대로 따릅니다. 이런 성향은 그대로 이어져 성인이 되어도 공부하는 방법을 발견하지 못하죠. 프롤로그에서 말씀드렸던 과외 받는 대학생이 생기는 이유는 이 때문입니다.

공부의 본질은 무엇일까요? 사람마다 의견이 다르겠지만 저는 공부의 본질이 '호기심'에 있다고 생각합니다. 살면서 드는 의문을 깊이 생각하고 정리하며 자신만의 답을 찾아나가는 사람이 그렇지 않은 사람보다 더 좋은 자리를 차지할 수 있습니다. 이렇게 하려면 어린 시절부터 자신이 할 일을 직접 기획하고 부족한 점을 찾아 더 나은 방향으로 스스로를 발전시키는 습관을 몸에 지녀야 합니다. 그런 점에서 강압적으로 설계된 학생들의 방학 시간표는 좋은 점수를 받기 어렵습니다.

천재들의 하루 일과

그렇다면 이런 환경을 개선하는데 가장 필요한 것은 무엇일까요? 해답은 '우리보다 더 생산적으로 일생을 보낸 사람들의 습관을 모방하는 것'입니다. 우리는 윤리적으로 문제가 되지 않는 수준에서 다른 사람들의 것을 지속적으로 보고 배우며 자신의 것으로 만드는 일을 게을리 하지 말아야 합니다. 로크, 칸트를 포함한 수많은 철학자들은 지식이 경험에서 오는 것이라고 말했습니다. 우리가 무엇을 보고 배우느냐가 그만큼 중요하다는 뜻입니다.

안타깝게도 한국에 사는 사람들이 배우는 것은 거의 비슷합니다. 초등학교에 입학해서 대학교를 졸업하기까지 거의 20년에 가까운 시간 동안 모두가 같은 것을 보고 듣기 때문입니다. 남들과 다른 것을 하려고 스스로 인생을 설계한다 해도 그 결심을 유지하기는 매우 어렵습니다. 이렇게 된 데에는 자신과 다른 것을 인정하지 않으려는 주위의 환경의 영향이 큽니다. 학원을 다니지 않으면 이상한 아이로 간주하는 주변의 시선, 명절 때마다 듣는 어른들의 충고 등 주변에는 우리가 원하지 않는 방향으로 인생을 끌어가는 요인이 너무 많습니다. 물론 그 의도는 순수합니다. 내가 하는 말과 행동이 그 사람이 성공하도록 돕는다고 생각하기 때문입니다.

그러나 실제로 살펴보면 성공한 사람들은 이와 정확하게 반대로 생활했습니다. 영국의 온라인 미디어 데일리메일에서 천재들이 어떻게 시간을 활용하는지에 대해 조사한 데이터가 그 대표적인 증거입니다. 자료를 제작한 곳에서는 베토벤, 다윈, 차이코프스키, 밀턴 등 위대한 업적을 남긴 사람들의 시간패턴을 분석하며 그들의 공통점을 찾으려 노력했습니다.

먼저 베토벤을 살펴보면 그는 하루 시간의 3분의 1정도만 작곡에 할애했습니다. 그렇다면 나머지 시간에 그는 무엇을 했을까요? 작곡 다음으로 많이 한 일은 주점에서 신문 읽기로 평균 4시간 정도를 사용했습니다. 신문을 읽기 전에는 근교를 산책하며 악상을 정리하기도 했지요.

실낙원으로 유명한 존 밀턴의 생활도 베토벤과 비슷했습니다. 그가 주로 했던 행동은 아침명상, 책읽기, 집필, 정원산책 등이었습니다. 특히 혼자 있는 시간을 활용하여 생각을 정리하는 일을 매우 중요하게 생각했기 때문에 하루 평균 4시간 가량을 산책에 투자했습니다.

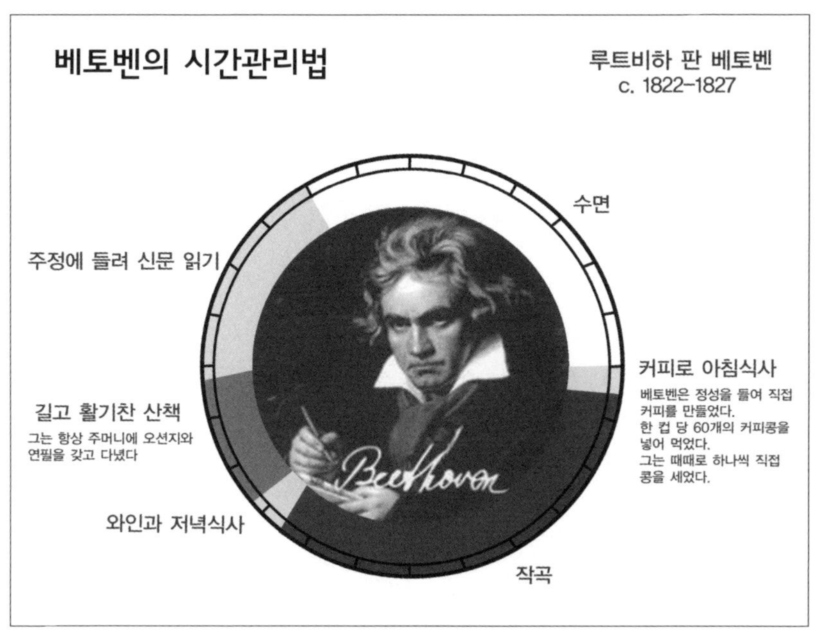

   위의 사례를 통해 살펴본 바와 같이, 유명 위인들에게는 많든 적든 하루의 일부분을 산책에 투자했다는 공통점이 있습니다. 이곳에서 언급하지 않은 다윈, 디킨스, 차이코프스키 역시도 베토벤과 밀턴처럼 산책을 중요하게 생각했지요. 여기서 중요한 것은 산책 그 자체가 아니라 산책을 하는 동안 그들이 했던 일입니다. 일반적으로 우리가 인식하는 산책의 속성은 휴식을 취하며 자신의 생각을 정리하는 것입니다. 천재들은 산책을 하며 건강을 챙기고 누구의 방해도 받지 않은 채 자신이 해야 할 일에 대해 깊이 생각할 수 있었을 것입니다. 창의적인 발상이 나오려면 마음이 차분해야 합니다. 이들은 자신의 환경과 생활패턴을 조절하여 창의력을 발휘할 수 있는 환경을 인위적으로 구축했습니다. 빡빡한 수업시간표에 허우적대는 한국의 학생들과는 상당히 대조적인 모습이라 할 수 있습니다.

또한 천재들을 통해 살펴볼 수 있는 것은 그들이 자신이 해야 할 일을 오랫동안 고민하여 그 답을 찾았다는 점입니다. 물론 시대가 다르기 때문에 이들의 생활패턴을 우리 삶에 똑같이 적용하기에는 무리가 있습니다. 다만 제가 말씀드리고 싶은 것은 주체적인 삶의 중요성입니다. 요즘 한국의 학생들은 거의 대부분 인생을 진지하게 고민하지 않고 주변에서 시키는 일만 하기 때문에 이 점은 한 번 깊이 생각해 볼 필요가 있습니다.

하루하루 지쳐가는
수험생들

수험생들에게 가장 중요한 것은?

학생들이 주체적인 사람으로 거듭나려면 먼저 학생 스스로가 교육을 받는 학교에서부터 이를 깊이 고민해보아야 합니다. 그러나 그들은 이런 것들을 사치라고 생각합니다. 당장 내일 치러야 하는 모의고사 점수가 급하기 때문입니다. 영어 단어와 수학 공식을 하나라도 더 많이 알아야 남들보다 더 앞서갈 수 있고, 그렇게 노력한 아이들에게만 좋은 학교에 입학할 자격이 주어집니다.

우리가 잘 알고 있는 대로 한국 수험생들의 공부량은 세계 어느 곳과도 비교할 수 없을 만큼 많습니다. 특히 대학 입시를 1년 앞둔 고등학교 3학년 학생들이 받는 스트레스는 이만 저만이 아닙니다. 학생이 느끼는 중압감도 크지만 이를 받아줘야 하는 학부모도 어려움이 많지요. 그 이유는 대학교 입학에 절대적인 지표가 되는 수능 때문입니다. 학생들은 오랫동안 준비한 결과를 이날 하루에 다 쏟아내야 합니다.

그런데 수능에서는 한 문제 차이로도 갈 수 있는 대학이 달라집니다. 2014년 수능시험에서 출제된 세계지리 8번 문항 복수정답사태가 대표적인 사례입니다. 문제의 정답에 대한 의혹이 처음 제기되었을 때, 수능 출제기관인 교육과정평가원은 복수정답을 인정하지 않았습니다. 결국 해당 문제 때문에 손해를 본 학생들은 원하는 대학에 합격하지 못했습니다. 그러나 1년 간의 긴 소송 끝에 법원은 학생들의 손을 들어주었습니다. 결국 문제는 모두 정답처리 되었고 그 결과 9천 여 명의 수능 등급이 바뀌었지요. 그러나 시험성적이 발표된 후 1년이라는 시간이 흘렀기 때문에 모든 학생을 구제해주기는 현실적으로 어렵게 되었습니다.

이렇게 수능시험과 대학에 올인해야 하는 학생들은 자연스럽게 창의적인 활동을 하거나 스스로 무언가를 만들어 낼 시간적 여유가 없습니다. 학교에서 가장 많이 하는 것이 공부인데도 공부를 잘 하는 법조차 생각을 하지 않는 학생들도 많습니다. 체력적으로도 힘들고 성과도 좋지 않기 때문입니다. 더 안타까운 사실은 이렇게 열심히 배운 지식을 대학교에 가면 일부를 제외하고 전부 잊어버린다는 점입니다. 남아있는 지식이 앞으로 평생 하게 될 일에 도움이 될 것이라는 장담도 쉽게 할 수 없습니다.

저는 이런 학생들의 공부패턴이 주주자본주의를 많이 닮았다고 생각합니다. 주주자본주의는 회사를 운영할 때 주주의 이익만을 생각하는 방식으로 회사의 장기적인 비전이나 업무방향은 상대적으로 쉽게 무시된다는 단점이 있는 경영형태입니다. 학생들 역시도 대학이라는 단기적인 목표 때문에, 살면서 필요한 다른 능력을 거의 키우지 못한다는 점에서 둘 사이에는 약간의 공통점이 있습니다. 물론 주주자본주의와 대입 위주의 공부방향은 점진적으로 바뀌어야 합니다.

사실 이 문제는 개인의 문제가 아니라 사회구조와도 관련이 있기 때문에 많은 부분에서 개선이 이루어져야 합니다. 그러나 우리가 외부의 환경이 변하기만을 기다린다면, 아무 성과도 낼 수 없을 것입니다. 그런 의미에서 저는 가장 바뀌어야 할 사람으로 학생과 학부모를 들고 싶습니다. 유교 경전 중 하나인 대학에는 '수신제가치국평천하' 라는 말이 있습니다. 큰 변화를 이뤄내기 위해서는 자신부터 바뀌어야 한다는 뜻이지요. 우리는 이 사실을 마음 속에 새기고 더 나은 미래를 만들 수 있도록 노력해야 합니다.

우리는 무엇으로 사는가?

톨스토이가 쓴 '사람은 무엇으로 사는가?' 라는 작품이 있습니다. 신의 노여움을 사 지상으로 추방당한 천사 미카엘이 구두장이 시몬의 집에서 일을 하며 3가지를 깨달은 뒤 하늘로 올라간다는 것이 이야기의 주된 내용입니다. 종교적인 색채가 짙긴 하지만 우리에게 많은 깨달음을 주는 데다가 쉽게 쓰였기 때문에 이 소설은 지금까지도 많은 사람에게 사랑을 받고 있습니다.

시몬과 살면서 천사 미카엘이 깨달은 것은 '사람의 마음에는 하나님의 사랑이 있다', '사람은 자신에게 필요한 것이 무엇인지 알아채지 못한다', '사람은 사랑으로 살아간다' 의 3가지였습니다. 저는 이 책을 읽으면서 저자인 톨스토이가 우리에게 '사람은 혼자서 살아갈 수 없으며, 주변을 아름답게 만들 수 있도록 일생 동안 사랑해야 한다' 라는 메시지를 주려 노력했다는 느낌을 받았습니다.

제가 공부와 상관없어 보이는 작품을 언급한 이유는 이 이야기가 우리에게 공부하는 이유를 찾는데 도움을 줄 수 있을 것이라고 생각했기 때문입니다. 예로부터 공부의 진정한 목적은 자신을 다스리고 사회에 유익한 일을 하는 사람으로 성장하는 것이었습니다. 천사인 미카엘이 '사람들은 서로 사랑하며 살아가야 합니다' 라고 강조했던 것처럼 말입니다. 내가 하는 행동으로 인해 주변이 아름다워진다면 아마 큰 보람을 느끼지 않을까 생각합니다. 그러나 현실은 다릅니다. 앞서 살펴봤던 대로 학생들은 대학 입학이 가장 큰 목표이고 어른들은 공부 잘하는 자녀를 키워내길 원합니다. 결국 목적은 자녀의 행복이지만 접근하는 방법이 서로 다르기 때문에 대개 부모와 자식 간에는 크고 작은 다툼이 자주 발생하는 편입니다.

저는 이 글을 읽는 모든 사람들이 자신의 발전을 위해 공부해야 한다고 생각합니다. 세상의 모든 것에는 이유가 있습니다. 하지만 우리는 이유보다는 의무를 생각합니다. '왜 해야 될까?' 라는 질문보다는 '이 일은 꼭 해야만 해' 라는 주입된 가치가 훨씬 더 중요합니다. 하지만 이런 태도는 우리의 삶에 전혀 도움이 되지 않습니다. 비록 좋은 학교와 기업에 들어가서 한동안은 잘 살 수 있을지 몰라도, 궁극적으로 미래에 대한 고민을 하지 않으면 위기가 찾아올 시 제대로 된 대응을 하기 어렵기 때문입니다. 그러나 스스로에게 끊임없이 질문을 하고 답을 찾는 사람들은 다릅니다. 큰 성공을 거두지는 못하더라도 미래를 대비하는 더듬이가 발달했기 때문에 이전보다 더 나은 삶을 살아갈 발판을 만들어 낼 가능성이 큽니다.

우리가 공부를 하면서 깨달아야 할 것은 무엇일까요? 앞서 말씀드린 소설의 주인공 미카엘은 하나님의 사랑을 깨달았지만 우리의 입장에서 생각해 볼 때 그것이 꼭 사랑이어야 할 필요는 없습니다. 오히려 사람에 따라 각자 다른 답이 나오는게 정상입니다. 누군가는 노력일 수도 있고 누군가에게는 나눔이나 열정일 수도 있습니다. 중요한 것은 우리가 살면서 자신이 깨달은 바를 실천하며 주변을 더 살기 좋은 곳으로 만들어야 한다는 사실입니다. 개인의 성공에만 급급한 우리의 현실이 조금은 안타깝게 느껴집니다. 성공의 기준을 너무 하나로만 보고 있지는 않은지 다시 한 번 생각해보았으면 합니다.

헬리콥터맘의 탄생

아이들이 힘들어하는데도 주변에서 가만히 있는 이유는 무엇일까요? 사실 이 문제는 단순하게 바라봐선 안 됩니다. 개인과 사회를 포함하여 다양한 문제가 복잡하게 얽혀있기 때문입니다. 아마 이 문제는 잘 살고 싶다는 사람들의 열망에서 시작되었을 것입니다. 좋은 것을 입고 맛있는 것을 먹으며 행복하게 지내는 삶을 싫어하는 사람은 없기 때문입니다.

이 문제에서 자유로울 수 없는 사람이 있으니 그건 바로 '엄마' 입니다. 예전부터 맞벌이 하고 있는지의 여부와는 상관없이 전통적으로 아이는 엄마가 키워야 된다는 인식이 한국사회에서는 유독 강했습니다. 그래서 대부분 한국의 엄마들은 아빠보다 더 많은 것을 희생하고 인내하며 살아갑니다.

비단 우리나라뿐만 아니라 모든 부모의 소망은 '우리 아이를 잘 키우고 싶다' 입니다. 아이가 자신의 미래를 개척할 수 있도록 도와주는 모든 과정이 당연히 이에 포함됩니다. 의식주를 해결하고, 좋은 교육을 받을 수 있도록 지원하며 다른 아이들에 비해 뒤쳐지지 않도록 하는 것이지요.

그런데 문제는 아이를 전방위적으로 지원하도록 강요 받는 한국사회에서 정작 엄마들이 자녀 교육에 대한 확실한 신념이 없다는 점에 있습니다. 역사적으로 주관이 뚜렷하지 않은 사람들은 다른 사람들의 말에 쉽게 휘둘렸습니다. 엄마들 역시 마찬가지입니다.

그럼에도 불구하고 엄마들이 갖는 아이에 대한 기준은 상당히 높습니다. 뛰어난 아이로 키우고 싶은 엄마에게 우리 아이가 천재라는 소식이 들리면 엄마는 조기교육을 심각하게 고민합니다. 이 때 행동을 빨리 하지 않을 경우 주변에서는 엄마를 죄인 취급합니다. 이 때 엄마를 움직이는 결정적인 말은 '조금만 더하면 우리 아이는 잘 될 수 있어요' 입니다. '아이를 이렇게 팽개쳐 둘거냐?' 는 지인들의 질문도 엄마의 신념을 흔드는 요인 중 하나입니다. 솔직하게 말씀드리면 저는 엄마들이 '아이라는 상품을 잘 만들어야 하는 회사의 CEO' 라는 느낌을 요즘 들어 많이 받습니다. 아이의 성공을 위해 엄마는 주변의 시선과 소문에 민감해질 수 밖에 없습니다.

이런 성향이 극단적으로 반영된 형태가 바로 헬리콥터맘입니다. 헬리콥터맘이란 자녀의 주위를 헬리콥터처럼 돌며 성적, 입시, 취업, 결혼 등 중대사를 대신 결정해주는 열성엄마들을 일컫는 말입니다. 특히 자녀의 개인 비서 역할을 하며 입시에 도움을 주는 정보를 모으고 아이들의 공부 계획까지 수립 관리하는 엄마들을 나타내는 좁은 의미의 말로 사용되기도 합니다.

그런데 헬리콥터맘이 얼마나 아이들에게 도움이 되는지에 대한 데이터는 생각보다 적습니다. 오히려 2011년 노스캐롤라이나 주립대학의 연구에서는 부모가 근처에서 맴돌며 계속 지켜보고 있을 때 아이들이 덜 활동적으로 논다는 결과가 나왔으며, 미주리대학의 연구진은 부모가 아이의 놀이를 하나하나 지시할수록 아이가 부정적인 감정을 더 많이 표출한다고 발표했습니다.

헬리콥터맘들은 매우 주체적으로 아이를 양육하는 것처럼 보이지만 속을 들여다보면 누군가가 주입한 프레임에 갇혀있는 경우가 많습니다. 가장 대표적으로 확인할 수 있는 것은 '좋은 대학 + 직장 = 성공'이라는 생각입니다. 그러나 이는 모든 사람이 활용할 수 없는 도식입니다. 모든 학생들이 좋은 대학교에 갈 수는 없기 때문입니다. 그리고 좋은 대학과 직장이 아이들의 성공을 담보할 수 있는지도 깊이 고민해보아야 합니다. 부모는 대개 우리 아이가 좋은 대학에 갈 것이라 믿고 자신의 것을 희생해가며 투자를 아끼지 않지만 정작 그 혜택을 받는 아이들은 고마움을 느끼지 않습니다. 오히려 학창시절에 자신을 몰아붙였다며 부모님을 원망하는 경우가 더 많습니다.

'나는 나를 파괴할 권리가 있다', '검은 꽃' 등의 소설로 유명한 베스트셀러 작가 김영하는 주체적인 삶을 살기 위해 우리에게 '감성근육'을 키워야 한다고 주장했습니다. 그는 스튜어트 밀의 자유론에 나오는 표현을 빌어 '남들에게 피해주지 않는 선에서 자신만의 즐거움을 최대한 즐겨야 한다. 다양한 것을 경험해야 한다'고 강조했습니다. 사람이 각자 성격이 다른 것처럼, 성공의 방법도 천차만별입니다. 대개 이런 방법을 시도를 할 수 있는 사람은 감성근육이 발달해 있습니다. 이들은 자신의 내면을 지키려 부단히 노력합니다.

실제 제 주변에도 이런 친구들이 많습니다. 학창시절에는 우등생이 아니었지만 좋아하는 커피에 관심을 가지며 이를 사업화 해 큰 돈을 벌고 있는 친구도 있고, 알뜰하게 돈을 모아 건물을 인수받은 뒤 금전적인 걱정 없이 행복하게 살고 있는 친구도 있습니다. 단순히 아이의 경제적인 성공을 원하는 경우라면 이 방법이 더 빠를 수도 있습니다.

사람들이 앞서 말한 삶의 방식을 쉽게 떠올리지 못하는 이유는 우리가 미래의 직업에 대해 아는 바가 적기 때문입니다. 초등학교에서 아이들에 게 물었을 때 말하는 직업의 수는 많아야 2~30가지인데 반해, 워크넷의 한국직업사전에 수록된 직업의 수는 2013년 기준으로 10,971개 입니다. 아마 학부모님들도 같은 경험을 했을 것입니다. 알고 있는 것이 적으니 그만큼 운신의 폭이 좁아진 것입니다. 다양성을 인정하고 아이의 인생을 최대한 존중해주는 것이 그 방법이 아닐까 생각합니다. 하지만 아직까지 는 이런 마인드를 지닌 부모의 수가 그리 많지 않은 것 같습니다. 헐리우 드의 유명 배우인 윌 스미스는 이런 교육의 실태를 다음과 같이 비판했 습니다.

"저는 가장 소중한 것을 학교에서 배우지 않았습니다. 전통적인 교육이 주된 목적 은 사실은 숫자를 배우고 시험에 합격하는 것이죠. 어떤 것을 이해하고 그것을 생 활에 응용하려는 것이 아닙니다. 아내와 저는 아이들을 집에서 가르치고 있습니다. 보스턴 차 사건이 발생한 날짜 따위를 배우는 것은 그리 중요하지 않다고 생각하기 때문입니다."

실제 그의 아들인 제이든 스미스는 원하는 일을 하나 둘씩 달성하며 자신만의 길을 걷고 있습니다. 영화의 주연을 맡기도 하고 춤을 추며 곡 을 쓰기도 하죠. 물론 그가 이렇게 할 수 있었던 데에 아버지의 재력이 전혀 관여하지 않았다고는 말할 수 없을 것입니다. 그러나 저는 이 사례를 통해 여러분들이 우리 아이를 어떻게 하면 주체적인 인물로 키워낼 수 있을지에 대해 생각해보셨으면 합니다. 아이는 생각보다 자신의 주관이 뚜렷하고 삶을 진지하게 바라보기 때문입니다.

공부하지 않으면
엄마가 아니다

일반적으로 식물은 물과 햇빛으로 에너지를 만들어냅니다. 그런데 이 상식을 벗어난 식물이 있습니다. 바로 식충식물입니다. 파리지옥, 끈끈이주걱, 통발 등이 대표적인 예입니다. 이들이 곤충을 사냥하는 방식은 사냥꾼이 덫을 놓는 것과 비슷합니다. 곤충들이 흥미를 느낄만한 것을 준비하고 기다렸다가 자신의 범위 안에 들어오면 가차없이 빠져나갈 곳을 차단하는 것이지요. 사로잡힌 곤충들은 서서히 양분을 빼앗긴 뒤 죽음을 맞이합니다.

글의 서두에서 이렇게 식충식물의 이야기를 하는 이유는 간단합니다. 우리의 공부에 대한 가치관을 무너트리는 식충식물이 도처에 위치하고 있기 때문입니다. 가장 대표적인 것으로 사교육 업체가 부모님을 대상으로 하는 공포 마케팅을 들 수 있습니다. 물론 사교육 업체의 마케팅이 식충식물처럼 우리의 생명을 위협하는 것은 아닙니다. 그러나 이들은 평범한 학부모가 지닌 교육에 대한 가치관을 단 한 번에 무너트릴 정도로 충분히 강력한 힘을 발휘합니다. 어떻게 이런 일이 가능한 것일까요?

대답은 그리 어렵지 않습니다. 부모님들의 육아철학은 10년 전이나 지금이나 크게 변하지 않았지만 사교육은 규모도 커졌고 그 방법도 정교해졌기 때문입니다. 수능이 처음 도입된 1994년도에는 대학에 들어가기 위한 방법이 비교적 단순했습니다. 그러나 한국대학교육협의회(대교협) 홈페이지에 기록된 자료에 따르면 2014년 서울권 10여개 주요대학의 수시전형은 99개로 이전에 비해 큰 폭으로 늘어났습니다. 물론 알고 있다시피 대입전형은 수시만 있는 것이 아닙니다. 정시와 특별전형의 수를 모두 합치면 그 수는 최소 천 개에 육박합니다. 업체에 따라서는 세부 구분 기준에 따라 2배 이상의 전형수를 산출하기도 하지요.

그렇기 때문에 학부모들은 '아이가 손해를 보지 않으려면 열심히 공부해야 한다'는 생각을 마음에 품습니다. 사실 대학교에 입학하는 방법이 이처럼 천차만별인 현 상황은 사교육 업체에게 호재로 작용합니다. 사교육 업체는 발 빠른 정보력을 이용해 입시전형을 분석하고 전문가를 섭외하여 다양한 설명회를 개최합니다. 또한 상대적으로 약자인 학부모에게 자신의 프로그램에 참여하면 지금 겪고 있는 문제를 해결할 수 있을 것이라 강조합니다.

그런데 이처럼 똑똑해지려는 엄마들의 방향이 바뀌어야 한다고 주장했던 사람이 있습니다. 교육열이 높기로 소문난 대치동 엄마들 사이에서 '입시 동향에 관한 가장 정확한 보고서를 쓰는 사람'이라는 입소문을 타며 순식간에 전문가의 자리를 꿰찬 김미연 씨가 바로 그 주인공입니다.

사실 김미연 씨의 직업은 따로 있습니다. 그녀는 교육 시장의 전망이나 관련 기업의 동향을 분석해 주가를 예측하는 투자기업의 애널리스트입니다. 그녀가 입시전문가로서 발돋움하게 된 계기는 2011년도부터 '교육의 정석'이라는 분석보고서를 연재하면서부터였습니다. 자료의 반응은 폭발적이었습니다. 보고서를 본 수많은 곳에서 그녀에게 입시 설명회와 컨설팅을 요청하기 시작했습니다. 이 인기에 힘입어 인터넷에만 게

시되던 '교육의 정석'은 출판사를 통해 단행본으로 제작되기도 했습니다. 그녀는 한 일간지와의 인터뷰에서 복잡한 입시제도로 어려움을 겪는 학부모들에게 다음과 같이 말합니다.

"처음 '교육의 정석'을 냈을 때 가장 많이 들었던 질문이 '도대체 이런 정보를 어디서 얻을 수 있나요?'예요. 제 대답은 간단했어요. '모두 인터넷에 공개된 자료예요.' 정말이지 우리나라는 정보의 천국이에요. 교육부 사이트에만 가도 입시에 관한 웬만한 정보를 다 다운로드해 받아 볼 수 있어요. 저는 그 정보를 모은 뒤 애널리스트의 재능 기부로 퍼센티지를 넣어 정리했을 뿐이에요."

"대입 전형이 너무 많아져서, 혹은 자주 바뀌어서 하나도 모르겠다고 투덜대는 어머니들이 많아요. 그러면서 입시 설명회 마다 쫓아다니며 발품을 팔고, 각종 학부모 모임에서 알짜배기 정보 하나라도 놓칠까 촉을 세우곤 하죠. 왜 엄마들의 시선은 내 아이에게 향하지 않고 자꾸 밖을 향하는 걸까요? 저는 방향이 잘못되었다고 생각해요"

김미연 씨가 주장하는 것은 '대입정보는 생각보다 쉽게 구할 수 있다', '어떤 좋은 정보라도 우리 아이와 관련이 없으면 가치가 없다'의 2가지입니다. 아이의 입시를 준비하는 학부모가 모든 정보를 알아야 할 필요는 없습니다. 내 아이에 대해 정확하게 알고 있다면 필요한 것들만 취사 선별해서 수집하고 활용하면 그만입니다. 물론 더 좋은 것은 아이 스스로 부족한 부분을 파악하고 부모에게 먼저 제안하는 방식입니다. 그러나 학부모들 대부분이 이런 조건을 갖추지 못했기 때문에, 잘 모르는 입시 전문가들이 짜놓은 틀에 아이를 밀어 넣고는 자신의 도리를 다했다고 생각합니다.

그러나 이런 방식은 생각보다 비효율적입니다. 전국시대 종횡가를 주장했던 귀곡자는 '남이 준비해 놓은 선택지는 고르면 안 된다'는 말을 남겼습니다. 우리가 잘 알고 있는 손자도 '전쟁의 승패는 주도권을 가져오는데 있다'고 강조했고, 스티븐 코비가 쓴 '성공하는 사람의 7가지 습관'에 나오는 첫 번째 법칙도 '주도적인 사람이 되어라(Be proactive!)'입니다. 설명회의 특성상 강사가 자료와 프로그램을 제시하면 학부모들은 대부분 수동적으로 따를 수 밖에 없습니다. 이 때 중요한 것이 바로 주체성입니다. 해당 프로그램이 좋은지 아닌지를 스스로 판단하는 것이죠. 물론 이렇게 할 수 있으려면 학부모가 자녀들을 잘 알고 있어야 합니다. 또한, 학부모의 의사만을 반영하여 아이에게 프로그램에 참여하도록 강요해서도 안 됩니다. 결국 공부하는 것은 학생 자신이기 때문입니다.

무엇을 공부해야 하는가?

그렇다면 이렇게 열심히 입시를 공부하고 아이와 협의하여 좋은 방안을 만들어낸다면 문제가 해결되는 것일까요? 저는 그렇지 않다고 생각합니다. 이렇게 공부한 것을 평생 써먹을 수 없다는 것이 그 이유입니다. 앞서 말씀드린 입시관련 지식은 아이가 대학교에 입학할 때까지만 유효합니다. 이후에는 쓸 일이 전혀 없지요.

그렇기 때문에 학부모는 이런 상황을 방지하기 위해 자신과 아이가 어떻게 살아가야 할지 진지하게 고민해야 합니다. 한국의 보수적인 교육 시스템에 익숙한 사람들은 질문을 하지 않습니다. 하지만 '나는 어떻게 살아가야 하는가?', '나는 무엇을 해야 하는가?', '나는 주변 사람들에게 어떤 가치를 전달해야 하는가?' 등의 질문은 우리의 삶을 윤택하게 만들어 줄 뿐만 아니라 학문을 연구하는데도 큰 도움이 됩니다. 오히려 이게 진짜 공부이지요. 우리가 잘 알고 있는 위인들은 계기는 다를지 몰라도 모두 위의 질문에 대답하며 자신이 살아가야 할 목적을 발견하고 그것에 몰입했다는 공통점이 있습니다. 이 중에서 가장 중요한 것은 앞서 말한 호기심입니다.

그런데 안타깝게도 한국에 있는 학생들은 이런 능력이 아직까지는 다른 나라의 학생들에 비해 부족한 것 같습니다. 스스로 생각하는 힘은 평생 동안 공부를 해야 하는 우리에게 꼭 필요합니다. 주변에서 발생하는 일에 의문을 갖고 이를 해결해가는 과정이 공부의 본질임에도 불구하고 많은 사람들은 이 사실을 잊어버리는 것 같습니다. 이런 현상이 발생하는 원인은 짧은 시간에 좋은 결과를 만들어야 하는 사람들의 부담감 때문입니다.

특히 이런 현상은 입시 유형 중 자기주도학습 전형에서 두드러지게 나타납니다. 주변을 살펴보면 아이들의 포트폴리오(맞춤형 이력서, 학습계획서 등)를 돈으로 살 수 있다고 생각하는 사람들이 많습니다. 학습계획서와 독서이력에는 어떤 내용이 들어가야 하는지, 수상 이력은 어떻게 관리해야 하는지를 하나하나 알려주는 마당이니, 아이가 스스로 무언가를 할 수 있는 기회는 원천적으로 박탈될 수 밖에 없습니다.

단순히 입시를 위해 공부한다는 생각은 우리의 멀고 먼 인생에서 아주 작은 범주에 속합니다. 부모는 아이를 어떤 사람으로 키워야 할지 고민하지만 이런 노력이 아이의 인생 전반에서 나타나는 것은 아닙니다. 성인이 되면 스스로 자신의 일을 찾아서 할 수 있는 사람이 적은 것도 이 때문입니다. 자주적인 태도를 중요시하는 서양은 성인이 되면 부모님의 도움을 빌리지 않고 스스로 잘 살아갑니다. 그러나 한국은 정확하게 이 추세를 역행하고 있습니다.

무언가를 배우기 위해 열심히 공부하는 것은 정말 바람직한 일입니다. 그러나 배우는 목적에 대해서 제대로 생각하지 않고 남이 주입한 지식만을 습득하는 것은 옳지 않습니다. 공부하지 않는 사람은 발전할 수 없습니다. 제가 말하는 공부는 **스스로 생각하는 힘을 기르는** 일입니다. 그렇지 않고서는 머릿속에 아무리 많은 지식이 있더라도 큰 도움이 되지 않습니다.

영어유치원은
과연 효과가 있는가?

🧑 영어유치원 열풍, 무엇이 문제인가?

살면서 우리에게 꼭 필요한 능력에는 어떤 것이 있을까요? 사람마다 대답이 다르겠지만 그 중에서 공통적으로 나올 수 있는 것은 아무래도 '외국어 활용능력'일 것입니다. 좋은 학교와 직장에 들어가려면 영어능력은 필수입니다. 게다가 갖은 노력 끝에 어렵게 입사한 회사에서는 영어점수를 인사고과에 반영합니다. 실제로 삼성의 경우 승진시기가 되면 영어말하기 시험인 OPIc(Oral Proficiency Interview Computer)을 치르고 그 점수를 제출해야 합니다.

그렇기 때문에 학생들이나 직장인들은 영어에 대한 스트레스가 많습니다. 영어를 못하면 뒤처진다는 사회적 불안감이 자리잡고 있기 때문입니다. 서울대학교 영어교육과의 이병민 교수는 '당신의 영어는 왜 실패하는가?'라는 책을 통해 이런 사회적 분위기가 생기는 원인을 '학벌지상주의와 계급상승에 대한 욕망'이라고 진단했습니다.

그렇다면 영어 교육이 가장 먼저 시작되는 시기는 언제일까요? 특정 교육기관에서 배우는 형태 중 가장 먼저 실시하는 것을 따지자면 아마 그 답은 영어유치원이 될 것입니다. 아이의 꿈을 이루는데 영어가 걸림돌이 되지 않도록 미리 준비하려는 학부모의 열망이 반영된 결과입니다.

영어유치원에 자녀를 등록하는 학부모들은 "5세 이전에 외국어를 가르쳐야 영어를 모국어처럼 구사할 수 있으며, 영어유치원이 아이들의 인맥을 쌓는데 도움이 된다"고 생각합니다. 그러나 영어유치원에 아이를 보내기란 생각만큼 쉽지 않습니다. 영어유치원에 오전 9시부터 오후 4시 30분까지 아이를 맡기는데 들어가는 평균 비용이 월 150만원 정도로 매우 높기 때문입니다. 재료비까지 포함하면 거의 200만원 가까운 돈을 아이의 학원비로 매달 지출해야 하죠. 그러나 이런 고비용에도 불구하고 영어유치원은 대기 순번을 기다려야 할 정도로 인기가 많습니다. 일부 학원은 '삼중어'라고 해서 영어, 중국어, 한국어를 동시에 가르치기도 합니다.

그렇다면 영어유치원은 과연 효과가 있는 것일까요? 아쉽게도 지금까지는 긍정적인 소식보다 부정적인 소식이 더 많습니다. 이기숙 이화여대 유아교육학과 교수는 한 일간지와의 인터뷰에서 "유아기에는 놀이와 학습이 구분되어 있지 않다"고 강조했습니다. 이 말은 유아기에 경험을 통해 습득하는 다양한 능력을 배우는데 영어유치원이 장애가 될 수 있다는 것을 의미합니다.

또한 아이들이 어린 시절 배운 영어를 언제까지 기억할 수 있을지에 대해서도 확인해야 합니다. 사교육걱정없는세상의 김승현 실장은 "어디까지나 한국은 한글을 사용하는 나라다. 아이들이 실질적으로 영어를 접할 수 있는 시간에는 한계가 있다. 아이가 영어유치원에서 배운 내용은 초등학교 3학년 학생이 정규수업을 시작하고 몇 개월이면 모두 배울 수 있다."고 지적했습니다.

잘못된 조기영어교육 열풍은 영어를 잘하는 사람을 우월한 사람으로 보는 잘못된 인식과 영어권 국가에 대한 막연한 동경으로 이어질 수 있습니다. 외국어를 유창하게 하는 일보다 더 중요한 것은 우리가 배운 언어를 바탕으로 자신의 생각을 효과적으로 다른 사람들에게 전달하는 일입니다. 우리는 의외로 이런 점을 잊고 사는 경우가 많습니다. 언어를 배우는 근본적인 이유를 다시 한 번 생각해 볼 때입니다.

올바른 외국어 교육

영어유치원에서부터 시작되는 한국 영어교육의 가장 큰 문제는 선행을 기반으로 하는 문제풀이가 전부라고 생각하는 학업풍토입니다. 이런 인식이 생긴 이유는 한국의 교육과정이 실제 필요한 영어 말하기를 집중적으로 익히는 사람보다는 글을 읽고 틀린점을 잘 찾는 사람이 더 높은 점수를 받을 수 있도록 설계되었기 때문입니다. 수능영어에서 고득점을 얻게 되더라도 그 사람의 영어 능력이 높은 것은 아닙니다. 오히려 외국인을 만나면 당황하며 도망 다니기 바쁩니다. 더 안타까운 것은 이렇게 힘들게 익힌 지식이 계속 유지되지 않는다는 사실입니다. 대개 토익이나 토플, 텝스 등의 인증시험의 성적 유효기간은 2년입니다. 그런데 원하는 성적을 만들어 놓은 뒤 2년이 지나 시험을 다시 치르면 그 때의 성적이 나오지 않습니다. 안타까운 일입니다.

우리가 외국어를 익히는 근본적인 이유는 무엇일까요? 언어를 익히는 가장 큰 목적은 자신의 생각을 효율적으로 전달하고 상대방의 생각을 이해하는 것입니다. 그렇기 때문에 사람들은 대개 말을 먼저 익히고 글을 나중에 배웁니다. 글보다 말을 더 많이 사용하기 때문입니다. 그러나 우리나라에서는 이 과정을 반대로 실시합니다. 글을 익히고 말을 하려니 자연스럽지도 않고 배로 힘이 듭니다.

이런 문제를 해결하기 위해서 영어 전문가들은 외국어를 배우는 방법과 목적을 달리하는 것이 좋다고 말합니다. 굿모닝팝스의 MC로 유명한 스타강사 이근철은 '모든 언어학습의 출발점은 언어는 즐겁게 배워야 한다는 사실을 인지하는 것' 이라고 말했습니다. 그는 언어를 익히기 위해 가장 중요한 것으로 '반복적이며 자연스럽게 습득할 수 있도록 주변 환경을 만들어 주는 일' 을 들었습니다.

그런데 그의 말을 한국에서 지키기란 생각만큼 쉽지 않습니다. 한국의 문화가 다양성을 인정하는 부분에 있어서 상당히 취약하기 때문입니다. 우리나라는 하나의 정답을 추종하는 것에 익숙한 문화입니다. 그러나 인생은 하나의 정답으로 재단할 수 있는 것이 아닙니다. 오랫동안 고민하여 자신만의 답을 찾는 사회가 그렇지 않은 곳보다 훨씬 건강합니다. 영어를 익히는 이유는 사람마다 다릅니다. 외국인을 만났을 때 일상생활을 자유롭게 이야기하고 싶은 사람도 있을 것이고, 해외에 파견근무를 나갈 수 있도록 비즈니스 영어를 유창하게 구사해야 되는 사람도 있을 것입니다. 이 두 사람이 익혀야 하는 영어의 수준은 근본적으로 다릅니다.

그러나 이 둘 사이에는 공통점이 있습니다. 바로 영어 말하기입니다. 일반적으로 일을 할 때나 사람들을 만날 때 우리는 글보다는 말을 많이 사용합니다. 그렇지만 학교에 입학해서 직장에 들어가기 전까지 영어 말하기 능력을 향상시킬 수 있는 시간은 매우 적습니다. 혹 시간이 주어진다고 할지라도 어떻게 활용해야 할지 모르기 때문에 우리의 외국어 활용 능력은 좋아지지 않습니다. 외국어 성적이 높은 사람도 이 문제에서 자유롭지 않습니다. 오히려 높은 성적이 걸림돌이 되어 영어로 말하는 것이 두려워지기 때문입니다.

'뉴욕의사의 백신영어'의 저자인 고수민은 이런 문제를 해결하기 위한 방안으로 '낭독'을 언급했습니다. 그는 '영어를 공부라고 생각하는 사람들의 편견은 바뀌어야 한다'고 주장하며 외국어를 잘하려면 입으로 끊임없이 영어 문장을 낭독하여 자연스럽게 말이 나올 때까지 훈련해야 한다고 강조했습니다. 이 주장은 그의 체험에서 나온 것이라 더 설득력이 있습니다. 높은 토플 성적표를 들고 해외에 나갔지만 간단한 말조차도 하지 못해 오랫동안 고생했기 때문이죠. 이후 영어책과 영화대본 등의 교재를 수백 번씩 낭독하며 훈련한 결과 지금은 뉴욕에서 의사생활을 하는데 무리가 없을 정도의 영어를 구사할 수 있게 되었습니다.

그런데 재미있는 것은 한국에 있는 영어 전문가들도 하나같이 낭독을 강조했다는 점입니다. 정철어학원의 정철 원장, 트레이너 출신으로 영어 고수가 된 박정원 코치, 영어낭독훈련 시리즈를 집필한 박광희 저자 모두가 한결같이 자신이 쓴 책에서 연습과 훈련을 통해 영어 문장을 자연스럽게 말할 수 있도록 만드는 일이 중요하다고 말했습니다. 앞서 언급된 이근철 강사 역시 유학생활을 하지 않았음에도 지금과 같은 영어능력을 갖출 수 있게 된 원인으로 '연습'을 언급했지요.

　　비 영어권 국가에서 영어를 가장 잘 쓰기로 유명한 나라 핀란드의 교육과정은 '학생들이 외국어를 실생활에서 사용할 수 있도록 돕는 것'을 목적으로 합니다. 우리나라와 같은 문법 위주의 평가는 오래 전에 폐지되었고, 수업시간에는 영어로 된 문장을 끊임없이 읽으며 영어능력을 향상시킵니다. 이들은 대개 **'문장패턴 파악 – 긴 문장 활용 예시 습득 – 자신의 생각이 담긴 언어활용'**의 순서로 외국어를 습득합니다. 한국에서는 이런 교육이 거의 이루어지지 않습니다. 지금의 영어 공부 스타일이 정말 옳은 방식인지 다시 한 번 되짚어보아야 할 때라고 생각합니다.

원래 아이들은
꿈이 있었다

꿈과 성공, 그 상관관계

꿈이란 무엇일까요? 꿈은 사람이나 세상을 바꾸는 원동력입니다. 좋은 꿈을 지닌 사람은 자신과 주변 사회 그리고 세상을 바꾸지만 나쁜 야망을 품은 사람은 큰 도움이 되지 않습니다. 오히려 다른 사람들에게 피해를 주는 경우가 많지요.

그렇기 때문에 꿈을 올바르게 설정하는 일은 매우 중요합니다. 꿈이 없는 사람은 나침반과 지도 없이 망망대해를 항해하는 것과 같습니다. 만일 이륙하는 비행기 안에서 '지금 저희 비행기는 태평양 상공을 대충 돌다가 아무 때나 착륙할 예정입니다. 도착 장소요? 저도 모르죠' 라는 방송이 들린다고 가정해봅시다. 인생에서 목표가 중요한 이유가 여기에 있습니다. 우리는 자신이 원하는 것을 정확하게 설정하고 이를 이루려 끊임없이 노력해야 합니다.

성공하는 사람들이 가장 많이 이야기하는 것은 말콤 글래드웰이 제시한 '1만시간 법칙' 입니다. 어떤 일이든 1만시간을 연습하면 성공할 수 있다는 내용이 핵심입니다. 그러나 이 가운데 중요한 것이 있습니다. 환경적 요인도 성공에 중요하다는 사실 말입니다. 사람들은 어떤 일이든지 1만시간을 투자하면 성공할 수 있다고 믿습니다. 그러나 우리가 조금만 생각해봐도 이는 사실이 아니라는 것을 쉽게 알 수 있습니다. 30대의 한 남성이 어느 날 갑자기 피겨 스케이팅이 하고 싶어서 1만시간을 연습한들, 유명한 선수로 대성할 수는 없습니다.

그렇기 때문에 우리는 자신의 시간을 투자하는데 신중해야 합니다. 내가 평생 하고 싶은 것을 발견했다면 다음의 두 가지 질문을 던져봅시다. '나의 꿈을 이루기 위해 만 시간을 투자할 가치가 있는가?', '지금 내가 다른 사람들의 꿈을 이뤄주기 위해 내 시간을 투자하고 있지는 않은가?'

제가 이런 질문을 던져볼 것을 요구하는 이유는 한국에 있는 거의 대부분의 사람들이 자신의 진짜 꿈을 알지 못하기 때문입니다. 모두가 직장인이 되고 싶은 것은 아닙니다. 그러나 안정적이라는 이유 하에 자신의 꿈을 억누르는 상황이 더 많이 발생합니다.

특히 부모님의 기대수준이 높을수록 자신의 꿈을 억누르는 경향이 많이 나타납니다. 사교육 열풍이 불고 있는 서울의 일부 지역에서는 이런 현상이 훨씬 더 두드러집니다. 이전에 제가 지도했던 아이들도 비슷했습니다. 비록 그들이 공부를 잘하고 성실했음에도 불구하고 원하는 것을 말할 때는 학부모가 같이 있을 때와 혼자 있을 때의 대답이 확연하게 달랐습니다. 그 이유는 아마 자신의 인생에 관여하는 부모님을 싫어하면서도 거부하기는 어려운 아이들의 특성이 반영되었기 때문일 것입니다.

교육 전문가인 페스탈로치는 인간은 누구나 '인간성의 능력'이라는 씨앗을 하느님으로부터 선물로 받고 태어난다고 믿었습니다. 그리하여 하느님께 귀한 머리로 상징되는 지적 능력과 가슴으로 상징되는 도덕적 능력, 그리고 손으로 상징되는 신체적 능력을 부여 받았다고 생각하였습니다. 그래서 페스탈로치는 이런 능력의 씨앗들을 고루 키워 인격을 갈고 닦아야 한다는 조화로운 전면적 인간발달론인 전인교육 시스템을 주장했습니다. 그의 이론대로라면 부모는 아이의 자율성을 최대한 존중해 주는 방안으로 교육 전략을 수정해야 합니다.

우리는 자율적인 감성을 바탕으로 자신을 발전시키는 목표와 꿈을 수립해야 합니다. 스스로 좋아하는 일을 찾고 이를 이루기 위해 끊임없이 연습하며 나아가는 사람은 분명 범인과 다른 인생을 살 수 있습니다. 물론 현실적인 기대치와 분석 결과가 없다면 그 꿈은 공염불로 끝날 것입니다. 또한 주변의 강압으로 인해 본인의 꿈을 접어야 하는 경우에도 결과는 마찬가지입니다. 결국 이 문제는 개인과 환경이 동시에 바뀌어야만 해결할 수 있습니다.

다양성을 존중하는 사회

옛 속담에 '말은 제주도로 보내고 사람은 서울로 보내라' 는 말이 있습니다. 사람이 발전하는데 필요한 것이 서울에 많이 있다는 뜻입니다. 이 말처럼 사람은 환경의 영향을 많이 받는 존재입니다. 한국의 어머니들은 양질의 교육환경을 물려주려 좋은 학군이 형성된 곳을 찾아다닙니다. 우리 모두는 나쁜 환경보다는 좋은 환경에 있길 원합니다.

사람들의 환경을 잘 분석해보면 우리는 많은 것을 깨달을 수 있습니다. 그 사람을 구성하는 부분 중 많은 것들이 이 요인으로부터 오기 때문입니다. 생활 습관, 삶에 대한 자세, 인간관계 등 환경의 영향을 받는 것은 무수히 많습니다. 대개 외향적인 사람의 경우 주변을 살펴보면 그 사람이 적극적일 수 밖에 없는 배경이 반드시 있습니다. 성공한 사람 역시도 이 영향에서 자유롭지 못합니다.

그러나 재미있는 것은 성공한 사람이라고 환경이 좋았던 것은 아니라는 점입니다. 대개 성공하려면 부자여야 한다는 인식이 우리나라에는 강한 편입니다. 일명 금수저를 물고 태어난 그들은 일반인들과 다른 길을 가며 자신의 경력을 구축합니다. 그렇지 않은 사람들은 상대적으로 이런 특혜를 누리기가 어렵지요.

하지만 이런 환경에 처하지 않은 사람들도 성공할 수 있습니다. 꿈을 이룰 수 있는 환경을 스스로 만들기 때문입니다. 대개 성공한 사람들은 좋은 습관을 많이 갖추고 있습니다. 사람은 꾸준히 반복하는 행위, 즉 습관에 의해 결정됩니다. 내가 운동을 자주하면 운동과 관련이 있는 일을 하게 될 것이고, 책을 많이 읽는다면 글을 쓰거나 강연을 하는 삶을 주로 살게 됩니다. 반대로 매일 술만 먹는다면 쉽게 알코올 중독자가 되고, 도박을 좋아하면 파산할 가능성이 일반인들보다 훨씬 높습니다.

우리의 마음 역시 이와 같습니다. 자율성을 존중하며 자신이 하고 싶은 일을 진지하게 고민한 사람이라면 어른들이 일방적으로 주입하는 꿈을 선택하지 않습니다. '나는 세계일주로 경제를 배웠다'의 저자인 코너 우드먼은 선망하는 직업인 증권 애널리스트를 포기하고 세계를 돌아다니며 돈을 벌겠다는 꿈을 펼칩니다. 숫자와 그래프로 둘러싸였던 환경을 버리고 실제 사람냄새 나는 환경을 체험하며 그는 삶을 다른 각도에서 생각할 수 있게 되었습니다. 자신의 기준으로 세상을 바라보는 눈이 생긴 것이죠.

그런데 우리나라는 이상하게도 다른 기준을 가진 사람들은 이상한 취급을 받습니다. 대개 한국의 학생들은 대부분 부모에 의해 주입된 꿈을 자신의 것으로 착각합니다. 모두가 멋진 인생을 누리고 싶어 하지만 어떤 것이 멋진 인생인지는 생각하지 못하고 주어진 공부에만 몰입하는 것이죠. 노력하는 방법이 하나일 수는 없는데도 불구하고 한국의 학생들은 이상할 정도로 하나의 방법에만 올인합니다. 열심히 공부하고 좋은 대학에 입학한 뒤 치열한 경쟁을 거쳐 좋은 회사에 들어가는 것 말입니다. 이에 도움이 되지 않는 모든 것들은 우선순위에서 제외됩니다.

원래 아이들에게는 꿈이 있었습니다. 어린 시절을 떠올려 봅시다. 초등학교에서 아이들이 발표하는 꿈을 들어보면 포부가 대단합니다. 하지만 현실을 깨달으며 꿈이 점점 작아지다가 나중에는 그 꿈마저도 사라집니다. 그냥 잘 사는 것으로 바뀌죠. 이렇게 된 데는 여러 가지 원인이 있을 것입니다. 부모가 꿈을 주입했을 수도 있고 아이가 현실의 한계를 느끼며 좌절했기 때문일 수도 있습니다. 중요한 것은 아이가 지닌 꿈을 끝까지 유지할 수 있도록 주변에서 지원해주는 일입니다. 애석하게도 한국은 그런 환경이 아직까지 형성되지 않았습니다. 주변의 기준에 쉽게 흔들리기 때문입니다.

우리는 최소한의 상식과 경험만 있다면 스스로 삶을 결정하는 것이 바람직하다는 사실을 깨달아야 합니다. 이는 사회의 기준에 자신을 맞추며 더 나은 사람이 되기 위해 노력하는 것이 응당 옳지만 다양성만큼은 존중해야 된다는 것을 의미합니다. 자신의 개성을 최대한 갖춘 상태에서 주변과 융화되고 궁극적으로 사회의 발전을 위해 힘쓰는 사람들이 많아져야만 사회가 발전할 것입니다. 저는 그런 발전의 축이 아이들이기를 소망합니다. 이들을 통해 우리가 사는 이곳이 더 건전하게 바뀔 것이기 때문입니다.

특목고에 아이들을
보내는 이유

특목고에 가는 것이 중요할까?

중학생 자녀를 둔 학부모가 들썩거리는 시즌이 있습니다. 특목고 입학 설명회가 열리는 시기가 바로 그 때입니다. 부모님들은 자신의 자녀를 좋은 학교에 입학시키기 위해 열심히 설명회를 다니며 정보를 수집합니다. 또한 입학 가능성을 높여준다는 프로그램에 대한 소식이 들리면 앞다투어 자신의 자녀를 등록합니다. 이전에 비해서 이런 성향은 지속적으로 증가하는 추세입니다. 왜 그런 것일까요?

그 이유는 비교적 간소화 된 입학전형 때문입니다. 특히 외고의 경우 입학하기 위해 필요한 내신 성적은 영어과목 하나입니다. 예전에는 어려운 입학시험 때문에 지원하는 사람이 많지 않았지만 지금은 내신성적과 학습계획서를 포함하여 몇 가지 자료만 준비하면 되기 때문에 외고에 입학하려는 학생들의 진입장벽이 상대적으로 낮아졌습니다. '나도 도전해 볼까?' 라는 마음이 학생들의 마음에 쉽게 자리잡는 것이죠.

일반고에 가면 공부하기 어려울 것이라는 생각도 그 원인 중 하나입니다. 학부모들이 이렇게 생각하는 것도 무리는 아닙니다. 특목고 입시가 일반고 입시보다 먼저 이루어지기 때문에 일반고에서는 특목고에 선발되지 못한 학생들만을 받아들여야 하기 때문입니다. 그렇기 때문에 수업 분위기를 걱정하는 부모님도 많습니다. 이 문제를 해결하기 위해 서울시 교육청에서는 2015년 초에 전기 특목고 전형과 후기 일반고 전형을 통합한다는 내용의 개편안을 발표했고 2016년 초에 시행이 확정되었습니다. 반대하는 학부모의 입장도 만만치 않은데 이 제도가 어떤 결과를 낳을지는 시간을 두고 지켜봐야 할 것 같습니다.

이런 이유로 인해 자녀를 잘 키우고자 하는 욕심이 있는 사람이라면 거의 대부분 특목고 입시를 생각할 수밖에 없습니다. 아직까지도 우리나라에서는 공부를 잘 하는 아이를 둔 학부모의 위상이 그렇지 않은 학부모보다 높은 것이 사실입니다. 부모님들은 아이를 특목고에 보내면 아이가 더 성공하기 쉬울 것이라고 생각합니다.

그렇다면 특목고에 있는 아이들이 그렇지 않은 친구들보다 더 성공할 가능성이 높은 것일까요? 입시 전문가들은 이에 대해 굉장히 조심스러운 의견을 표현합니다. 자녀를 둔 학부모들의 가장 큰 고민은 자녀를 일반고에 보낼 것인가 아니면 특목고에 보낼 것인가입니다. 명문대 진학률이 일반고에 비해 현저히 높기 때문에 특목고를 보내야 한다고 생각하면서도 치열한 경쟁과 불리한 내신이 아이의 발목을 잡을까 두려워하는 것입니다.

입시전문가들이 이렇게 조심스러운 이유는 아이들의 성향이 모두 다르기 때문입니다. 모든 과목을 다 잘 하는 학생이 있는 반면 특정 과목과 영역에서 우수한 역량을 발휘하는 친구도 있습니다. 당연히 아이의 성향에 따라 선택해야 될 입시 유형이 달라집니다. 만약 한 분야에 관심을 보이는 친구라면 외고나 과학고를 보낸 뒤 특기자 전형을 준비하는 것이 유리하지만, 성실한 모범생이라면 일반고에서 내신 성적을 착실하게 쌓고 비교과 활동에 기반한 포트폴리오를 쌓아나가는 것이 수시 학생부 교과전형에 유리합니다. 그러나 이런 전략을 갖기 전에 아이에 대한 이해가 선행되지 않으면 아무리 좋은 전략도 쓸모가 없습니다. 또한 이렇게 분석한 입시전형이 시간이 지나면 바뀔 가능성도 배제할 수 없습니다.

학부모가 아이를 특목고에 보내고 싶은 이유는 바로 아이들이 좋은 교육을 받고 사회에서 성공할 수 있도록 돕기 위해서입니다. 만일 부모의 목적이 앞에서 말한 그것이라면 저는 이 글을 읽는 부모님들께 자녀를 잘 파악할 것을 권하고 싶습니다. 우리 아이가 좋아하는 것이 무엇인지, 그리고 어떤 인생을 살고 싶어하는지를 이야기하는 것이 어느 학교를 가야하고 수능에서 몇 점을 맞아야 하는 지보다 중요합니다. 그렇게 확인한 목적 가운데 특목고가 있다면 당연히 입학을 해야 할 것입니다. 그렇지만 자신의 주관이 없는 상태에서 다른 사람들이 말하는 대로 따라가는 것은 아이에게 독으로 작용합니다.

👩 성공하려면 무엇이 필요한가?

많은 사람들이 강조하는 성공의 조건은 올바른 습관입니다. 그리스 스토아철학의 대부인 에픽테토스는 다음과 같이 말했습니다.

"모든 습관은 노력에 의해 굳어진다. 잘 걷는 습관을 기르기 위해서는 자주, 많이 걸어야 한다. 잘 달리기 위해서는 많이 달리는 것이 필요하다. 잘 읽게 되려면 많이 읽어야 한다. 지금까지 습관이었던 것을 중단하면 그 습관은 차츰차츰 쇠퇴해진다. 만약 열흘 이상 잠만 잔 사람이 걷기 시작하면 다리가 매우 약해졌음을 알 것이다. 그러니까 그대가 어떠한 습관을 얻고자 한다면 그것을 많이, 그리고 자주 되풀이해야 한다."

확실히 그의 말대로 습관은 성공에 있어 매우 중요한 요소임에 틀림없습니다. 그러나 올바른 습관만 갖추고 있다고 해서 성공할 수 있을까요? 물론 삶을 알차게 꾸릴 순 있겠지만 이것만으로는 조금 부족해 보입니다.

우리는 먼저 올바른 습관이 어떻게 형성되었는지 확인해야 합니다. 만약 그 습관이 외부의 요인이나 강압에 의해 형성된 것이라면 그다지 바람직하지 않기 때문입니다. 앞서 언급한 유명 외고에 들어간 학생들의 경우에도 마찬가지입니다. 만일 특목고의 학생들이 앞으로도 과외와 사교육에 너무 많이 의존한다면 앞으로 무언가를 새롭게 만들어낼 수 있는 기회는 그들에게 주어지지 않습니다.

저는 성공하기 위해 가장 필요한 능력으로 '스스로 판단하고 기획하는 힘'을 강조하고 싶습니다. 좋은 습관이 성공에 있어서 중요한 것은 사실입니다. 그러나 좋은 습관으로 나 자신을 관리하기는 쉬울지 몰라도 스스로 판단하는 힘이 없으면 자신의 꿈보다는 다른 사람의 꿈을 이루는 데 개인의 능력을 사용할 수밖에 없습니다. 당연히 이 방법은 비효율적입니다.

이런 위험에 빠지지 않기 위해 우리에게 필요한 능력은 다른 시선으로 세상을 바라볼 수 있는 힘입니다. 작가인 제 입장에서 가장 추천하는 것은 책을 읽는 일입니다. 그러나 우리가 일상생활의 여러 가지 사건을 다른 관점에서 바라볼 수 있는 힘이 있다면 굳이 책에만 집착할 필요는 없습니다. 그런 사람이라면 영화를 통해서도, 밥을 먹으면서도 사고력을 확장시킬 수 있을 테니까요. 핵심은 '생각하는 힘'입니다. 그리고 이 생각을 자신의 관점으로 새롭게 재구성하는 능력을 갖춘다면 인생을 능동적으로 살 수 있게 될 것입니다.

부모의 행복은
어디에 있을까?

주변을 살펴보면 마음의 평화를 누리지 못하는 사람이 많습니다. 그 원인을 파악하는 것은 그다지 어렵지 않습니다. 학생들은 성적 때문에 슬프고, 취업 준비생은 생각보다 할 것이 많다는 것을 늦게 깨닫고 한탄하며 직장인들은 언제 잘릴지 모르는 각박한 세상에서 하루를 근근이 버티기 때문입니다. 이런 상황에서 학부모들의 근심은 날로 커져만 갑니다. 그들이 걱정하는 것은 크게 두 가지 입니다. 하나는 안정적인 삶, 다른 하나는 이상적인 자녀교육입니다.

학부모들은 가난으로 인해 손해를 보지 않도록 아이에게 관심을 많이 쏟습니다. 특히 가장 많이 공을 들이는 부분은 교육입니다. 더 좋은 교육을 통해 아이의 인생이 달라질 것이라 믿기 때문입니다. 부모들은 앞에서 언급한 안정적인 삶을 아이에게 주는 길이 교육에 있다고 생각합니다. 그러나 부모님의 이런 가치관은 아이의 생각과 배치되는 경우가 많습니다. 부모님은 자신의 생활을 일정부분 포기하면서까지 자녀에게 열심히 투자했는데 자녀가 따라주지 않는다고 불만을 토로하고 아이들의 경우 하기 싫은 일을 돈을 들였다는 이유 하나만으로 자신들에게 강요하는 부모님에 염증을 느낍니다.

이런 갈등이 발생하는 가장 근본적인 원인은 '행복을 돈으로 살 수 있다는 생각' 때문입니다. 비록 물건을 사는 행위가 사람들에게 만족감을 줄 수 있을지는 몰라도 우리의 모든 것을 채워주지는 않습니다. 그러나 사람들의 생각은 다릅니다. 한국전쟁 이후로 춥고 배고픈 환경을 바꾸기 위해 부단히 노력했을 때 가장 필요했던 것이 돈이었기 때문입니다. 게다가 한국은 다른 나라에 비해 급격한 폭으로 성장했기 때문에 사람들은 이런 부분을 깊이 생각할 시간을 갖지 못했습니다. 교육은 더더욱 그렇습니다. 경제적인 문제를 어떻게 풀어가야 할지에 대한 명확한 로드맵을 갖추지 않은 상태에서 교육을 먼저 생각하는 일은 이치에 맞지 않습니다.

하버드 대학의 정치철학자 마이클 센델은 '돈으로 살 수 없는 것들' 이라는 책에서 자본주의 윤리를 언급하고 있습니다. 이전에 돈으로 살 수 없다고 생각했던 것들을 돈으로 살 수 있게 되면서 사람들의 가치가 변하고 있다는 것이죠. 미국에서는 죄수들이 하루에 82달러만 내면 교도소 내 감방을 업그레이드 할 수 있습니다. 이마에 광고 문신을 새기면 777달러를 받을 수 있고, 제약 회사의 임상실험 대상자로 선정되면 7500달러가 수중에 들어옵니다. 그런데 이들의 삶이 과연 행복하다고 할 수 있을까요? 저는 그렇지 않다고 생각합니다. 다른 사람들의 목적을 달성하는데 소중한 자신의 자원을 낭비했기 때문입니다.

행복해지기 위한 방법은 크게 두 가지가 있습니다. 하나는 다른 사람들이 세운 기준을 충실하게 따라가는 것이고 다른 하나는 자신만의 기준을 쫓는 것입니다. 문제는 첫 번째 기준을 따라가는 사람은 다른 사람들을 만족시킬 수 있을 진 모르지만 자신을 만족시킬 수는 없다는 점입니다. 스스로 생각할 기회가 전혀 없었기 때문입니다. 이들은 대개 다른 사람들이 깔아놓은 아스팔트를 열심히 달려 원하는 목표를 성취했지만 이후에 공허함을 느끼는 경우가 많습니다.

저는 다른 사람이 짜놓은 프레임에 따라가는 것이 진정한 행복인지 묻고 싶습니다. 삶의 행복을 느끼는 사람과 꿈을 성취한 사람들은 세상의 기준을 따르지 않았습니다. 오히려 자신이 원하는 것을 스스로 설계하고 이를 이루기 위해 끊임없이 노력했습니다. 행복은 남이 만들어주는 것이 아닙니다. 오히려 치열한 노력 끝에 성취하는 보상이라고 할 수 있습니다.

진정한 행복

헨리 데이비드 소로의 월든이라는 작품이 있습니다. 1845년부터 1847년까지 사회와 인연을 끊고 숲에서 혼자 살며 느낀 점을 기록한 수필집입니다. 이 책이 특이했던 이유는 주인공인 저자가 서른도 채 되지 않은 젊은 나이에 하버드 대학을 졸업한 엘리트였음에도 불구하고 고향 숲 속 호숫가에 오두막을 짓고 농사를 지으며 살았기 때문입니다. 그렇다면 그는 행복했을까요?

먼저 저는 책을 읽으며 저자가 삶을 진지하게 관찰하고 사색하는 것에 감탄했습니다. 행복을 생각하고 인생을 오롯이 살아가는데 필요한 다양한 것들을 고민하며 저자는 세상에 대한 자신의 기준을 조금씩 바꾸어 나갑니다. 빠른 것보다는 느린 것을, 바쁜 것보다는 평화로운 것을 추구하게 된 것이죠.

저는 이런 그의 선택이 나쁘지 않았다고 생각합니다. 우리는 짧은 시간에 너무 많은 사람들을 만납니다. 그런데 사람들을 많이 만나게 되더라도 그 사람을 파악하기보다는 그 사람의 직업과 하는 일에 더 관심을 보입니다. 미팅에서 좋은 이미지를 심어주려면 다른 사람들이 정한 규칙에 따라야 합니다. 그 규칙이 내가 정한 것이 아니어서 많이 불편할텐데도 사회생활을 하려면 어쩔 수 없다고 위안을 삼습니다.

행복이란 무엇일까요? 일반적으로 행복은 욕구와 욕망이 충족되어 만족감을 느끼는 상태를 의미합니다. 그 상태는 주관적일 수도 있고 객관적일 수도 있지요. 대개 대부분의 사람들은 행복을 주관적인 기준으로 생각합니다.

그러나 주변을 살펴보면 자신만의 기준을 갖지 못한 어른들이 많습니다. 그렇기 때문에 아이들에게 세상의 기준을 강요합니다. 그 기준이 어떻게 설정되었는지는 생각하지 못하는 것이죠. 모든 것을 무비판적으로 수용하는 것은 잘못임에도 불구하고 우리는 이런 실수를 자주 저지릅니다. 이런 상황에서 소로는 우리에게 다음과 같이 말합니다.

"누군가 동료들과 보조를 맞추지 않는다면 그것은 다른 북소리를 듣고 있기 때문일 것이다. 그 북소리가 박자에 맞든 종잡을 수 없든 간에 자신의 귀에 들리는 북소리에 맞춰 걷도록 하라. 사과나무나 떡갈나무처럼 빨리 성숙해야 할 이유는 없다. 남들과 보조를 맞추려고 자신의 봄을 여름으로 바꿔야 하는가?"

우리 모두가 알고 있는 대로 사람마다 잘할 수 있는 분야는 다릅니다. 잘할 수 있는 것이 다르다면 사람들이 느끼는 행복의 종류도 다양해야 합니다. 부모의 불행은 아이들이 이처럼 서로 다르다는 것을 인정하지 못하고 자신의 기준을 주입시키면 성공할 수 있다고 생각하는 데에서 시작됩니다. 사실을 말씀드리자면 이렇게 해서 성공할 수 있는 학생들의 수는 지극히 적습니다. 부모의 기준에 맞는 성공을 거두었지만 마음은 불행한 경우도 많이 발견됩니다.

부모는 아이의 꿈을 인정해주고 그들의 꿈을 믿고 격려하는 것을 통해 행복을 찾아야 합니다. 이렇게 되기 위해 부모들은 확고한 교육관을 갖추고 아이의 성장과정을 인내하며 기다릴 필요가 있습니다. 사람은 스스로 하고 싶은 것을 할 때가 가장 행복합니다. 부모 역시도 자신이 하고 싶은 것을 할 때가 가장 행복합니다. 왜 우리는 지금까지 내가 강요하는 일을 아이가 하고 싶을 것이라고 생각했을까요? 이 글을 읽으면서 다시 한 번 생각해보았으면 좋겠습니다. 다음에 기록된 월든의 한 구절이 생각하는데 도움을 주었으면 합니다.

"나는 숲에서 경험한 삶을 통해 적어도 다음과 같은 것을 배웠다. 우리가 꿈꾸는 방향으로 자신 있게 나아가며 머릿속으로 상상하던 삶을 살려고 노력하면 평범한 삶을 살 때는 생각지도 못한 성공을 만나게 된다는 것이다. 그 때 우리는 어떤 것들을 잊고 보이지 않는 경계를 넘어갈 것이다."

우리 아이가
망가지고 있다

자기주도학습
vs
엄마주도학습

근 몇 년 사이에 자기주도학습이라는 말을 소개하는 곳이 많아졌습니다. 자기주도학습의 사전적 의미는 학생이 스스로 부족한 점을 찾아 계획을 세우고 공부하는 것입니다. 잘 모르는 것을 알아서 확인할 수 있기 때문에 공부하는 방식을 스스로 찾을 수 있고 이런 성향은 자연스럽게 학습자의 공부효율을 향상시킵니다.

사람들은 자신의 이름을 걸고 하는 일에 가장 많은 노력을 기울입니다. 상식적으로 생각해 보아도 다른 사람을 위해 공부하는 것보다 자신을 위해 공부하는 것이 훨씬 효과가 더 좋습니다. 학교에서 시키는 일을 할 때는 수동적으로 움직이며 성과가 좋지 않은 아이들도 자신이 좋아하는 분야가 생기면 무서울 정도로 눈빛을 반짝이며 목표를 달성하기 위해 자신의 에너지를 모두 쏟아 붓습니다.

공부의 성과를 높이기 위한 가장 좋은 방법은 학습자가 특정한 지식을 익혀야 하는 이유를 스스로 깨닫는 것입니다. 공부를 통해 원하는 것을 정확하게 설정한 학생들과 그렇지 않은 학생들 간의 차이는 극명하게 갈립니다. 당연히 전자가 학습 성과가 좋습니다.

그러나 학부모들이 이를 강제적으로 만들어주려고 하면 문제가 생깁니다. 소위 말하는 엄마주도학습이지요. 아이들을 믿고 기다리며 학습법을 스스로 찾도록 도와야 하는데 그렇지 못하기 때문에 근본적으로 아이들과의 대립관계가 형성됩니다. 특히 이런 성향은 완벽주의자적 성향을 지닌 부모에게서 많이 나타납니다. 나도 이렇게 했으니 다른 사람들도 잘 할 수 있을 것이란 기대를 갖고 이를 아이에게 적용하지만 효과는 그다지 신통치 않습니다. 아이의 입장에서는 하기 싫은 무언가를 강요받는 상황이 되기 때문에 주관이 뚜렷한 경우라면 거의 대부분 부모님의 의견을 따르지 않습니다.

저는 그 차이가 학부모의 접근방식에 따라 나온다고 생각합니다. 아이를 잘 길러낸 학부모의 공통분모를 살펴보면 그들은 모두 화목한 가정환경을 유지하고 아이와 깊이 대화를 나누었다는 특징이 있습니다. 공부 일정을 짜는 법을 알려주기보다는 아이가 진정으로 원하는 것을 할 수 있도록 많은 노력을 기울였던 것이죠. 만들어진 계획을 지시하는 엄마와 계획을 스스로 짜도록 도와주는 엄마는 하늘과 땅 차이입니다. 현명한 엄마는 계획을 짜는 것을 도와줄 때도 아이를 귀찮게 하거나 자신의 의도대로 끌어들이려 하지 않습니다. 오히려 아이가 좋은 습관을 가질 수 있도록 격려하는 쪽에 더 가깝습니다.

사실 공부는 습관입니다. 공부를 포함해서 지금 우리를 만든 것은 바로 습관의 힘입니다. 꾸준히 운동을 한 사람들의 몸은 좋아지고, 책을 열심히 읽은 사람은 현명해집니다. 중고등학교 시절 우등생을 생각해보시기 바랍니다. 비록 방식이 조금씩 다를 수는 있겠지만 그들은 하나같이 공부가 몸에 배어있습니다. 대부분의 아이들은 학원에서 문제를 잘 푸는 요령은 배우지만 공부에 대해 진지하게 생각해본 적은 한 번도 없습니다.

공부를 잘하려면 운동선수들이 체계적으로 훈련을 받는 것처럼 학생들 역시 올바른 습관을 갖도록 훈련해야 합니다. 엄마주도학습의 핵심은 바로 여기에 있습니다. 엄마가 학생의 수업 및 공부 일정을 모두 짜주는 것이 아니라 아이가 자신만의 기준을 갖고 잘 할 수 있도록 격려하는 것이죠. 이 때 엄마는 아이가 생각만큼 잘 하지 못하더라도 절대 비난하면 안 됩니다. 아이가 실제로 잘 못했다고 해도 자존심에 상처를 입으면 오히려 반감이 커집니다. 데일 카네기가 쓴 인간관계론에는 **"꿀 한 방울이 쓸개즙 한 통보다 훨씬 더 많은 파리를 잡는다"**라는 말이 기록되어 있습니다. 이 말은 부정적인 피드백 보다는 긍정적인 피드백이 훨씬 더 강력하다는 사실을 의미합니다.

긍정적인 피드백을 주려면 어떻게 해야 할까요? 먼저 학부모에게는 아이의 장기적인 비전을 바라볼 수 있는 안목이 있어야 합니다. 나중에 성인이 되었을 때 아이가 무엇을 하게 될지 초등학교 시절에는 전혀 알 수 없습니다. 저 역시도 초등학교 시절의 꿈과 지금하고 있는 일이 전혀 다릅니다. 또한 학생 때 공부를 못했던 열등생이 성인이 되어서도 열등생이란 법은 없습니다.

저는 이 글을 읽는 모든 분들이 다른 사람이 주도하는 학습방식을 따르지 않고 스스로 공부하는 능력을 갖추었으면 합니다. 또한 다른 사람을 지도해야 할 경우 세세한 것까지 터치하기보다는 내가 지도하는 학생이 스스로 자신이 원하는 것을 찾을 수 있도록 지속적으로 응원하고 격려하길 원합니다. 아마 그렇게 되면 부정적인 의미를 갖고 있는 엄마주도학습의 의미가 조금씩 긍정적인 방향으로 전환될 것이라고 생각합니다.

제가 생각하는 이상적인 엄마주도학습은 **'아이가 스스로 공부할 수 있도록 부모가 지원하는 일련의 과정'** 입니다. 안타깝게도 아직까지는 이런 방식으로 아이를 지도하는 사람은 많지 않습니다. 오히려 스파르타식으로 철저한 계획에 따라 기준에 충족하는 아이들을 만들어내고 있지요. 하지만 장기적으로 봤을 때 이는 개인을 위해서도, 국가를 위해서도 좋지 않습니다. 21세기는 사람들의 창의력 하나만으로도 무한한 가능성을 만들어낼 수 있는 시대이기 때문입니다. 부정적인 방향으로 흐르는 엄마주도학습은 창의력을 기르는데 큰 도움이 되지 않습니다.

아이들의 놀 권리는
어디에 있는가?

🏆 노는 아이들은 바보가 되는가?

공부만 하고 놀지 않으면 바보가 된다는 속담이 있습니다. 이 속담은 놀이와 휴식의 중요성을 강조한 말입니다. 하루 종일 나무를 베어도 날을 갈지 않으면 효율이 떨어지는 것처럼 사람에게도 휴식이 필요하다는 사실을 강조한 것이지요. 스티븐 코비는 '성공하는 사람의 7가지 습관'이라는 책에서 '톱을 날카롭게 갈아라(Sharpen the Saw)'라는 말을 했습니다. 무언가를 새롭게 만들려면 반드시 휴식이 필요합니다. 무조건 밀어붙인다고 해서 성과가 나는 것은 아니기 때문입니다.

애석하게도 우리나라에서는 정확히 이 추세를 역행하고 있습니다. 학부모는 아이들이 성공할 수 있도록 도와준다는 목표 하에 다양한 사교육을 제공하지만 이게 정말로 도움이 되는지에 관한 자료는 많지 않습니다. 요즘 아이들은 놀이보다는 학원에 더 익숙하고, 주말에 놀러 가기보다는 보충수업에 참석하기 위해 가방을 정리합니다.

정말 놀이가 학부모의 생각대로 아이에게 도움이 되지 않는 것일까요? 황옥경 한국아동권리학회장(서울신학대 보육학과 교수)은 "아동들은 각 시기에 놀이와 여가를 충분히 경험했을수록 사회적 상호작용 능력이 우수하며, 창의성 발달에도 영향을 끼친다"며 "교육적 의미만 추구하거나 돌봄 기능에 지나치게 중점을 둬서는 안 되며, 부모와 이웃, 아동관련 전문가, 입법 등을 위한 정치가의 역할이 서로 균형을 이뤄야 한다"고 강조했습니다.

이 말은 우리에게 많은 것을 시사합니다. 상식적으로 생각해보아도 아이가 건강하게 자라려면 다양한 것을 골고루 먹어야 합니다. 사회적인 경험도 마찬가지입니다. 알지 못하는 것을 대비하지 못한 상태에서 접하게 되면 반대급부가 큽니다. 가장 취약한 계층은 학생들입니다. 다양한 것을 보고 배워야 하는 시기임에도 불구하고 수능과 성적이라는 목표 아래 다른 것들을 잃어가는 그들의 모습을 보면 안타까움을 느낍니다.

우리는 놀이의 진정한 목적을 생각해보아야 합니다. 많이 논다고 바보가 되는 것은 아니라는 전문가의 말이 사실이라면 우리가 놀아야 하는 데는 반드시 이유가 있을 것입니다. 앞서 제시된 근거는 사회적 상호작용과 창의력 발달에 놀이가 도움이 된다는 것이었습니다. 특정 주제에 대해 깊이 생각하고 더 나은 방안을 만들어나가는 일은 부모와 아이의 일생에서 매우 중요한 부분입니다. 놀이는 이런 조건에 부합하는 주제 중 하나입니다.

아이들의 놀 권리는 왜 필요한가?

세계아동헌장에서는 모든 학교에서 놀이터를 갖추고 아동이 학교를 마치고 난 다음에 놀이터에서 놀 것을 권고합니다. UN아동권리협약에서는 이 협약을 비준한 모든 국가들이 아동들에게 휴식하고 여가를 즐기고 연령에 맞는 놀이와 오락활동을 할 수 있도록 해야 한다고 강조했습니다. 아이들의 성장발달과정에 있어 놀이가 중요하다고 판단했기 때문입니다.

우리나라 역시 비슷한 사례를 찾아볼 수 있습니다. 1923년 5월 1일 방정환 선생님으로부터 시작된 어린이날이 그 예 중 하나입니다. 이날 발표된 아동권리 공약 중 3번째 내용은 '우리나라 어린이들에게 고요히 배우고 놀만한 가정 또는 사회시설을 만들어라' 입니다.

그런데 오늘날 우리의 생활을 보면 이런 헌장에서 강조한 것과는 상당히 거리가 있습니다. 주변을 조금만 살펴봐도 우리는 이 사실을 쉽게 알 수 있습니다. 아이가 놀면 큰일이라도 나는 것일까요? 아이가 집에서 논다고 말하면 가장 먼저 공격을 받는 것은 학부모입니다. 요즘 같은 시대에 어떻게 아이들을 놀릴 수 있냐는 말은 덤입니다. 정해진 코스를 모두 마치고 엘리트가 되지 않으면 사회에서 성공할 수 없다는 것이 가장 큰 이유입니다. 엘리트가 되려면 누군가가 정해놓은 코스를 다 밟아야 한다는 것이 이들의 생각입니다.

사실 이런 인식은 우리 부모님 세대까지는 정답이었습니다. 사람들이 선호하는 직업이 있었고, 그것을 통해 성공할 수 있었기 때문입니다. 그러나 오늘은 다릅니다. 많은 사람들이 강조하는 것과 같이 현대사회를 움직이는 원동력은 창의성입니다. 창의성은 천편일률적인 환경에서 나오지 않습니다. 각자가 배우고 경험한 것을 기반으로 새로운 것을 만들어내는 힘을 통해 나오기 때문입니다.

창의력을 발전시키는데 놀이는 매우 중요합니다. UN에서는 '아이들의 자발성을 저해하고 정해진 어떤 루트를 따라가는 것은 놀이가 아니다' 라고 규정하고 있습니다. 그렇기 때문에 놀이에서 중요한 것은 자신의 역할을 정확하게 인식하는 일입니다. 그런데 재미있는 것은 자신의 역할을 정확하게 인지하고 맡은 바 소임을 다하는 것이 놀이에서만 중요한 것이 아니라는 사실입니다. 회사에서 업무를 할 때도, 특정 프로젝트를 기획할 때도, 영화를 찍거나 음악을 만들 때도 이런 태도는 매우 중요합니다. 자신이 할 수 있는 것을 먼저 파악하고 이를 활용하여 최고의 결과를 만들어내도록 노력해야 하기 때문입니다. 이런 원리가 만약 내가 하는 모든 일에 적용된다면 성과가 눈에 띄게 향상될 것입니다.

저는 이와 관련된 대표적인 사례로 마이크 카로를 들고 싶습니다. 그는 세계 포커계에서 인정하는 프로 갬블러로 현존하는 포커 이론의 핵심적인 틀을 세운 사람입니다. 사실 1970년대까지만 해도 포커의 이미지는 어두웠습니다. 교육을 받지 못한 사람들이 생계를 벌기 위해 어쩔 수 없이 하는 것이라고 생각했던 것이죠. 그러나 마이크는 이런 상황에서 통계와 심리전을 포함한 다양한 전략을 활용하여 포커를 최고의 두뇌게임으로 승화시켰습니다. 끊임없이 생각하고 연구하며 자신의 놀이를 전혀 다른 방향으로 바꾼 것이죠. 저는 그의 스토리가 창의성을 나타내는 대표적인 예시가 아닐까 생각합니다.

인간은 다른 동물들과는 달리 자신이 가진 것을 끊임없이 연구하고 바꾸는 존재입니다. 이 과정 내에서 스스로 판단을 많이 한 사람일수록 창의적인 생각을 하기가 더 쉽습니다. 놀이가 중요한 것은 이 때문입니다. 앞서 언급된 UN의 기준에서 강조한 놀이의 가장 중요한 속성은 '자발성'입니다. 일을 할 때 가장 효과가 좋으려면 참여한 사람이 그 일을 진정으로 좋아하고 사랑해야 합니다. 그렇게 되면 일을 즐기고 몰입할 수도 있으며 더 나아가 자신의 부족한 점을 스스로 개선하고 더 나은 방안을 지속적으로 만들어나갈 수 있습니다. 이런 이들을 우리는 열정적인 사람이라고 부릅니다.

열정은 문제를 해결하기 위해 몰입하는 자세를 말합니다. 인류 역사에서 위대한 업적을 남긴 사람은 자기가 하고 있는 일에 열정을 쏟았거나, 미쳤거나, 몰입한 사람이었습니다. 열정 없이 성공한 사람은 졸지에 부자가 된 졸부밖에 없습니다. 비록 어린 학생이라 하더라도 자기가 하고 있는 놀이나 공부나 일에 열정을 쏟을 수 있도록 하는 훈련이 필요한 이유입니다.

우리나라에 몰입이론을 처음으로 소개한 칙센트 미하이 박사는 "사람들은 몰입을 통해 행복감을 느끼게 되지요. 어떤 과업에 몰입한 상태에서는 정작 행복이나 불행을 느끼지 못하지만 과업이 끝나고 이에 대한 피드백을 받으면 자신의 잠재력이 확장되는 느낌을 받죠. 나아가 몰입으로부터 파생되는 에너지는 창의력과 문화발전으로까지 연결됩니다"라고 강조했습니다.

저는 그의 말 중 창의력이 문화발전으로까지 연결된다는 사실에 큰 의미를 두고 싶습니다. 창의력은 단순히 자신을 변화시키는 것에 그치지 않고 문화를 바꾸는 힘으로 발전합니다. 창의력을 만들어주는 것은 학교 교육이 아니라 부모의 끊임없는 관심입니다. 똑같이 정해진 것을 반복하지 않고 아이가 좋아하며 잘하는 것을 찾도록 해주는 것이 아이의 미래를 위해 훨씬 더 중요합니다.

아이들의 눈빛이 죽어가고 있다

무방비 상태로 폭행당하는 아이들

2014년 8월 1일 뉴욕 타임즈에 한 편의 기고문이 올라왔습니다. '아이들에 대한 폭행'이라는 제목으로 올라온 이 장문의 글은 많은 사람들이 긍정적이라고 생각했던 한국교육의 병폐를 적나라하게 드러내며 전 세계에 충격을 안겼습니다. 기고가인 구세웅 씨는 전 예일대 한국학 연구원 강사 출신으로 어린 시절 치열한 입시를 피해 캐나다로 유학을 온 사례, 강남의 유명 입시학원에서 고급 영문법을 가르쳤던 사례 등을 포함한 다양한 내용을 글에 녹여내었습니다.

기고문의 핵심내용은 '한국의 교육환경은 기본적으로 뛰어난 성적을 내는데 도움이 되지만 이를 위해 아이들은 행복을 포기할 수 밖에 없다.' 입니다. 학부모가 원하는 숫자를 보여주기 위해 전국의 아이들은 지금도 학원에서 문제집과 씨름하고 있습니다. 비단 입시로 유명한 서울 강남에서만 이런 일이 발생하는 것은 아닙니다. 정도는 다를 수 있지만 원하는 성적을 얻으려면 학생들은 자신이 원하는 것을 포기하고 열심히 공부해야 합니다. 구씨는 이런 상황을 기고문에서 다음과 같이 묘사했습니다.

"내가 가르치고 있는 곳과 같은 입시교육기관(한국어로 학원으로 알려져 있는)은 한국교육의 중심기둥이자 어떤 대가를 치르더라도 자녀들의 성공을 바라는 부모들의 욕망의 상징이다.……(중략) 학생들은 보통 방과 후 밤 10시 또는 더 늦게까지 이곳에 머문다. 부모가 이끄는 대로 여러 교육장과 교육프로그램에 끌려 다니는 한국 학생들의 평균 하루 공부시간은 13시간에 이르며, 고등학생의 평균 수면시간은 공부에 충분한 시간을 확보하기 위해 겨우 5.5시간에 불과하다."

그런데 중요한 것은 이런 상황에서 정작 수업을 받고 미래를 설계해야 될 학생들의 열망이 전혀 반영되지 않았다는 점입니다. 나를 위해서 무언가가 움직이는 것이 아니라 누군가가 만들어놓은 틀 안에 내가 들어가야 한다는 사실을 자각하는 순간 아이들의 총명한 눈빛은 사라집니다. 열심히 해서 자신을 발전시킨다 해도 결과는 모든 사람이 예상할 수 있는 수준에서 벗어나지 않습니다. 사명감을 상실한 아이들은 그렇지 않은 사람들에 비해 인생을 수동적으로 살 수 밖에 없습니다. 우리는 이런 사례를 어렵지 않게 찾아볼 수 있습니다.

조선 학술계에 있어서 엄청난 축복이었던 다산 정약용은 베껴쓰기만 해도 수십 년이 걸릴 500여 권의 책을 유배 18년 동안 정리했습니다. 요즘처럼 인터넷이 발달한 시대에서도 18년 동안 500권의 책을 쓰기란 쉬운 일이 아닙니다. 굳건한 바탕공부 아래 자신의 능력을 최대한 발휘하도록 돕는 사명의식이 없었으면 이루지 못할 일이었습니다.

그러나 뛰어난 능력을 보유하고도 세상에 이름을 알리지 못한 사람이 있습니다. 현대 한국학의 시조이자 유명한 서예가인 이광사가 그 주인공입니다. 역적이라는 굴레에서 벗어나지 못하고 평생 유배지를 떠도는 생활을 했지만 동국진체(원교체)라는 독창적인 글씨체를 만들어 선비들의 기를 확 죽여 버린 인물이기도 합니다.

안타깝게도 우리는 이광사보다는 추사체로 유명한 김정희를 더 많이 기억합니다. 이에 실망한 이광사는 세상을 원망하며 평생을 보냈습니다.

박에다 글을 써 밖으로 띄워 보내며 울분을 풀었고 글씨를 팔아 벽장을 값나가는 물건으로 채워놓으며 삶의 목적을 조금씩 잊어갔습니다. 결국 그는 자신이 머물렀던 완도에서 쓸쓸히 세상을 떠났습니다.

이 사례를 학생들에게 적용해보면 우리는 많은 것을 깨달을 수 있습니다. 학생들을 발전시키는 것은 즐거움과 무언가를 이루고자 하는 사명의식입니다. 하지만 현재와 같은 교육환경에서 사명의식을 갖추도록 노력해야 한다고 강조하는 사람은 많지 않습니다. 점수 올리기에 급급한 나머지 더 중요한 것을 잊어버렸기 때문입니다. 원숭이의 어리석음을 풍자하는 조삼모사(朝三暮四)라는 사자성어가 이 상황에도 활용될 수 있을 것 같습니다.

공부도둑

우리는 항상 공부를 머릿속에 달고 삽니다. 우리나라 사교육의 대표적인 메카로 일컫는 대치동을 보면 이를 아주 쉽게 알 수 있습니다. 3~4살이 되면 영어 유치원에 보내서 외국어를 공부시키고 초등학생이 되면 10~11시까지 학원에서 머무르는 것이 이상하지 않다고 말합니다. 우리가 볼 땐 좀 이상한데 사교육을 맹신하는 사람들의 생각은 우리와 많이 다릅니다.

그런데 돈을 많이 투자해서 자식들을 공부시키는데도 불구하고 정작 아이들의 실력은 그다지 좋지 않습니다. 물론 표면적으로 보이는 성적은 아주 훌륭하고 좋은 대학교에 가는 진학률도 타 지역에 비해 월등히 높습니다. 문제는 정작 대학을 가서부터 시작됩니다. 그냥 시키는 대로만 했으니 생각하는 능력이 다른 사람들에 비해 현저하게 떨어지고 어떻게 공부해야 할지 알지 못하기 때문입니다. 어디서부터 이런 문제가 시작된 것일까요?

앞서 언급한 문제의 시작점을 확인하는 일은 매우 중요합니다. 하지만 정확한 데이터를 확보하지 않은 상태에서 주먹구구식으로 원인을 찾는 것은 매우 위험하기 때문에 전문가가 아닌 우리가 이렇게 왈가왈부 하는 것은 문제의 소지가 있습니다. 오히려 공부에 관해 깊은 생각을 담고 있는 책을 살펴보는 것이 더 안전하면서도 도움이 될 것입니다.

그런 면에서 볼 때 서울대학교 물리학과에서 30년 간 교수로 재직했던 장회익 선생님의 '공부도둑'이라는 책은 우리에게 시사하는 바가 많습니다. 공부도둑은 간단히 말하면 장회익 선생님의 자서전 같은 책인데, 이 분이 살면서 한 가장 큰 일이 물리학에 대한 공부였기에 우리는 이 책을 읽으면서 공부에 대한 생각을 다시 한 번 가다듬을 수 있습니다. 물론 물리학뿐만 아니라 삶에 대한 생각과 자세를 살펴보는데도 유용합니다. 책을 보며 가장 크게 느꼈던 부분은 여우동화와 산삼이론의 2가지였습니다. 먼저 여우동화의 핵심내용을 다음과 같이 요약하여 전해드리니 한 번 읽어보시기 바랍니다.

시골 마을에 한 소년이 살고 있었습니다. 소년은 여우와 단짝친구였기 때문에 자주 놀러 다니곤 했지요. 어느 날 꼬마가 여우와 놀다가 산속에서 길을 잃었습니다. 길을 헤매던 도중 꼬마는 하얀 도복에 지팡이를 짚은 도인을 만납니다. 도인은 꼬마에게 "저기 동굴에서 이 책만 다 읽으면 도에 통달하게 된다. 단 끝까지 읽지 못하면 도는 깨닫지 못한다."는 말을 해주고는 책을 주며 읽어보라고 권했습니다. 꼬마는 도를 알고 싶었기 때문에 도인이 일러준 대로 동굴 속에 들어가 책을 읽기 시작했습니다. 반면에 여우는 꼬마를 찾아 온 산을 헤매고 다녔습니다. 동굴 속에서 책을 읽고 있던 꼬마를 발견한 여우는 꼬마와 같이 놀고 싶었기에 계속 꼬마를 설득합니다. "꼬마야, 나랑 놀자!" 꼬마는 고민합니다. 조금만 더 읽으면 도를 깨칠 수 있다는 희망을 가지며 여우의 유혹을 버팁니다. 책의 내용이 어렵긴 했지만 도가 무엇인지 너무 알고 싶었기 때문에 꾸준히 책을 읽었습니다.

책을 읽다 보니 한 장이 남았습니다. 그런데 책이 이해가 되지 않습니다. 너무 어렵기 때문에 여우의 말이 더 달콤하게 들립니다. 결국 꼬마는 여우의 유혹을 이기지 못하고 책을 동굴 속에 던져버린 후 여우와 즐겁게 놀았습니다. '마지막 한 장만 더 봤더라면 세상이 달라졌을 텐데……' 하는 아쉬움을 가지고 말입니다.

이 이야기는 우리의 삶의 태도를 적나라하게 보여줍니다. 조금만 더 하면 되는데 끝까지 버티지 못하고 우리의 노력을 공염불로 만드는 태도 말입니다. 저자는 이 예화를 통해서 우리에게 인내를 강요합니다. 목적을 달성하기 위해 특정한 임계점을 넘어야 한다는 뜻이지요. 물이 99도까지는 잠잠하다가 100도가 되면 끓는 것처럼 우리의 삶에서 성과를 내려면 끊임없이 자신을 갈고 닦으며 노력해야 합니다.

다른 하나는 산삼이론입니다. 저자는 자신을 아인슈타인과 같은 계열의 학문을 연구하는 사람이라고 소개하는데 이 부류의 특징은 동물로 따지면 방목입니다. 그냥 자연에 풀어놓고 아무렇게나 공부하도록 하는 것입니다. 흙을 파다가 딱딱한 돌에 손을 다쳐보기도 하고 혼자서 열심히 수영하다가 물을 많이 먹으면 죽을 수도 있다는 사실도 깨닫습니다. 험한 삶을 직접적으로 다 경험하기 때문에 생명력이 강해집니다. 그런데 우리는 온실에서 자란 화초입니다. 온실을 나가면 아무런 힘을 쓰지 못합니다. 제가 이 글의 도입부로 사교육에 찌든 아이들을 언급한 이유가 여기에 있습니다. 주는 대로 받아먹기만 하면 그 당시에는 좋을 수 있지만 시간이 지나면 자신의 밥그릇을 찾지 못하고 결국 생명력을 잃어버립니다. 그렇기 때문에 우리는 꾸준히 연구할 대상을 찾고 발전시키고 자신의 것으로 만드는 능동적인 삶을 살아야 합니다. 우리 모두가 알고 있다시피 인삼보다 산삼이 확실히 귀하고 가격도 높으며 약효 역시 뛰어납니다. 그만큼 자연의 험한 풍파를 통해 자신을 단련시켰기 때문입니다.

아이들의 눈빛이 죽어가는 이유는 무엇일까요? 아마 지식사회에서 중요한 것을 얻지 못한다는 자괴감 때문일 것입니다. 요즘은 열심히 노력한 만큼 대가를 받지 못하는 상황이 많이 발생합니다. 죽도록 공부해서 취업한 직장은 언제 잘릴지 모르는 비정규직이고 그마저도 낮은 급여밖에는 받지 못합니다. 입사하기 위해 필요한 경쟁력을 다 갖추었는데도 불구하고 그다지 좋은 결과가 아닌 것이죠.

저는 그래서 학생들이 하고 싶은 것을 할 수 있도록 기회를 주어야 한다고 생각합니다. 물론 이렇게 한다고 해서 모든 학생들이 성공할 수 있는 것은 아닙니다. 그러나 자신이 원하는 것을 이루기 위해 노력하는 가운데 스스로 생각하며 살아갈 지혜를 얻을 수 있다는 점에서 이는 천편일률적인 스펙을 강조하는 것보다는 훨씬 낫습니다. 아마 아이들의 눈빛이 죽어가는 원인은 사회가 그들에게서 원하는 것을 조금씩 빼앗고 있기 때문일지도 모릅니다.

공부에 대한 기억이 없는
서울대생

🏆 명문대생은 계속 똑똑할 수 있을까?

공부란 무엇일까요? 사람들은 공부를 해야 한다고 말하지만 공부에 대해 진지하게 생각하는 사람은 생각보다 적습니다. 공부든 사업이든 가장 중요한 것은 목표를 정확하게 설정하는 일입니다. 그러나 이상하게도 공부를 할 때는 다른 사람이 정한 기준을 얼마나 많이 충족시켰는지에 따라서 등수가 결정되는 아이러니한 상황이 자주 벌어집니다.

오늘날 학생들의 가장 큰 문제는 많이 배우면서도 이를 제대로 익힐 충분한 시간을 갖지 못하는 데서 발생합니다. 학문이나 기술을 배우고 익히는 가장 큰 목적은 삶에 도움이 되기 위해서입니다. 계란후라이를 할 때 소금을 넣는 것이 좋은지 아닌지조차도 배워두면 상황에 맞게 유용하게 활용할 수 있습니다. 그렇기 때문에 우리는 공부를 하는 것이죠. 공부가 없으면 발전도 없습니다.

그런데 많이 배우긴 했지만 생각만큼 큰 효과를 거두지 못한 사례가 우리 주변에서 많이 보입니다. 가수 장기하가 대표적입니다. 그는 서울대 사회학과를 전공한 재원이자 '장기하와 얼굴들'이라는 밴드의 리더로 '싸구려 커피', '우리 지금 만나' 등의 노래로 유명한 인물입니다. 그런데 실제 그의 모습은 우리가 생각하는 것과는 많이 달랐습니다. 2014년 11월 22일 방송된 '학교 다녀오겠습니다'라는 예능에서 우리는 그 모습을 확인할 수 있습니다. 그의 모습은 어땠을까요?

방송에 나온 그의 모습은 의외였습니다. 우리의 예상과는 달리 그는

1교시 수업부터 '모르겠다' 라는 말을 연발했고, 자신의 전공분야인 사회와 관련된 질문에도 대답하지 못했습니다. 사람들 사이에서 체면을 제대로 구긴 것이죠. 이후 인터뷰에서 그는 다음과 같은 말을 남겼습니다.

> "제가 참 변명 같지만 입시 교육에서 내신이 참 좋았는데, 공부에 대한 기억이 하나도 없다. 전혀 모르겠어요. 지금이라도 무조건 외우는 스타일이 아니라 흐름을 알 수 있는 교육이 있어야 한다고 생각합니다."

2014년 11월 13일에 유투브에 올라온 한 동영상도 이와 비슷한 내용을 담고 있습니다. 영상의 주인공은 미국 여성인 휘트니(Whitney). 그녀는 2015년 수능 외국어영역 32번 문제를 푼 뒤 너무 어려워서 문제를 해결하기가 어렵다는 의견을 내놓았습니다. 미국인임에도 답을 찾지 못하는 아이러니한 상황이 벌어진 것입니다. 그녀는 "내가 미국 사람인데도 무슨 말인지 전혀 모르겠다. 고3 수험생들 파이팅. 힘내요"라는 메시지를 남겼습니다. 그녀의 말대로라면 한국 사람들은 미국인도 모르는 이상한 영어를 배우고 있는 셈입니다. 당연히 실제 상황에서 쓰일 일은 없을 것입니다.

우리는 공부를 하는 목적에 대해서 진지하게 생각해 보아야 합니다. 우리는 무언가 끊임없이 배워야 하지만 배우는 목적을 기억하지 않으면 그렇게 배운 지식은 아무런 소용이 없습니다. 다른 사람이 강제적으로 주입한 지식과 내가 좋아서 스스로 익힌 내용 간에는 큰 차이가 있습니다. 마키아벨리는 로마사논고에서 이런 상황을 다음과 같이 표현했습니다.

"만약 당신의 지위를 유지하고 싶으면, 또 공화국이나 왕국을 유지할 것을 기대한다면, 당신 자신의 백성들로 구성된 군대를 조직해야 한다. 군대를 통솔하여 커다란 공을 세운 자들은 모두 그렇게 했다."

그의 말에서 주의 깊게 보아야 할 부분은 '자신의 백성들로 구성된 군대'입니다. 어떤 일을 하려면 나의 뜻을 가장 잘 반영할 수 있는 방향으로 기획이 이루어져야 합니다. 스스로 제어할 수 없는 상황이 많이 만들어진다면 목적을 효과적으로 달성하지 못하겠죠. 우리의 인생도 마찬가지입니다. 통제할 수 있는 것보다 없는 것이 많아지면 그 사람은 쉽게 성공하기 어렵습니다. 다른 사람의 뜻대로만 사는 가운데 자신의 인생을 제대로 돌아볼 시간과 판단력을 갖출 수 없기 때문입니다.

어떤 것을 기억해야 하는가?

만약 우리가 지금까지 배우고 경험한 모든 것을 기억할 수 있다면 어떤 상황이 벌어질까요? 이런 상황을 가장 반기는 것은 아무래도 학생들일 것입니다. 특히 공부한 것을 자주 잊어버리는 친구들의 경우 이런 소식이 정말 반가울 것입니다. 저 역시도 컴퓨터 같은 기억력을 갖추면 어떤 상황이 벌어질까 궁금해 한 적이 많습니다.

이런 사례는 실제로 있습니다. 모든 것을 기억하는 병을 가진 여인인 질 프라이스가 바로 그 주인공입니다. 그녀의 병은 과잉기억증후군으로 이 질병은 하루의 일상을 별도로 노력하지 않고도 저절로 기억하고, 저장된 기억이 샘솟듯 나오는 것이 가장 큰 특징입니다. 그녀의 기억 방식은 기억력이 좋은 사람들이 단어나 숫자들을 기억하기 위해 사용하는 패턴과는 전혀 다른 형식으로 구현됩니다.

그런데 그녀의 삶은 썩 좋지만은 않았습니다. 그 원인은 아이러니하게도 모든 것을 기억하는 그녀의 능력 때문입니다. 질은 어머니가 뇌종양 수술을 받으며 위기에 빠졌던 과정이나 당뇨를 앓던 남편이 죽음에 이르는 과정을 매일 생생하게 떠올립니다. 하지만 이런 기억은 대부분의 사람들에게는 잊고 싶은 기억입니다. 그녀는 그렇게 할 수 없지요. 질은 그와 같은 고통을 이렇게 회상하고 있습니다.

"긍정적인 기억을 선별하는 능력은 내 마음의 작용방식과 거리가 멀었다."

저는 질의 사례가 사람들이 공부하는 방식에도 적용되어야 한다고 생각합니다. 주변의 모든 것을 기억하기란 사실상 불가능합니다. 그러나 우리는 알게 모르게 공부를 하려면 모든 것을 다 알아야 한다는 생각을 많이 합니다.

대개 학교나 학원의 정규 과정은 배움의 단계가 있습니다. 다음 단계로 넘어가려면 이전의 것을 모두 배워야만 합니다. 그래야만 더 높은 곳으로 올라갈 수 있다고 생각하죠. 물론 이런 단계를 거쳐야 하는 것도 있지만, 주변을 살펴보면 그렇지 않은 것도 의외로 많이 발견됩니다. 삶이 이런 간단한 기준으로 재단할 수 있는 것이 아닐뿐더러 공부를 하는 목적도 사람마다 모두 다르기 때문입니다. 당연히 필요한 것이 서로 다르기 때문에 자신에게 유리한 것만 익히면 그것으로 충분합니다. 특정한 기준에 의거해서 모든 것을 다 배울 필요는 없지요. 한국사회가 갖는 가장 큰 문제점은 자신의 기준으로 세상을 살지 못하도록 주변에서 다양한 요인으로 사람들을 압박하는 것입니다.

저는 우리가 항상 어떻게 살아가야 할지 다양하게 고민해야 한다고 생각합니다. 단순히 기억하는 것보다는 이 기억을 어떻게 하면 잘 활용할 수 있을까를 생각하는 사람은 세상을 바꿀 수 있는 힘을 얻을 수 있습니다. 교육학자 피아제의 말이 이를 잘 이해하는데 도움이 되었으면 합니다.

"교육의 주요 목표는 다른 세대가 했던 것을 그대로 반복할 수 있는 인간을 만드는 것이 아니라 새로운 것을 할 수 있는 인간을 창조하는 것이어야 한다."

돈으로
교육을 살 수 있는가?

2012년도에 입시정보업체인 하늘교육에서는 서울과 광역시 일반계 고교를 대상으로 수능 성적과 주요 대학 진학률을 비교 조사한 뒤 흥미로운 내용을 발표했습니다. 언어 · 수리 · 외국어 등 수능 3개 영역 평균에서 똑같이 2등급 이상 성적을 받은 고교생끼리 비교했을 때 서울 고교생의 SKY 진학률이 지방 고교생의 2배에 가깝다는 것입니다. 지금은 그때에 비해 차이가 훨씬 더 심해졌을 것입니다.

똑같은 성적인데 왜 이런 결과가 발생하는 것일까요? 가장 큰 이유는 지방과 서울 간 정보의 격차 때문입니다. 대입 전형은 수천 개에 달하기 때문에 그 모든 것을 한 사람이 파악하기는 어렵습니다. 문제는 서울 강남에 살며 재력을 갖춘 학부모들은 정보를 돈으로 살 수 있지만 대부분의 가정에서는 이게 불가능하다는 점입니다. 자신의 아이를 잘 파악하고 아이에게 맞는 전형을 정확히 골라낼 수 있는 능력이 있다면 문제가 없겠지만 대부분의 학부모들은 이런 능력이 없습니다. 명문대가 지방보다 서울에 더 많은 기회를 주는 것 같다고 말하는 사람이 늘어나는 것도 이런 이유 때문입니다.

좋지 않은 성적을 돈으로 끌어올린 사례도 있습니다. 미디어에 익명으로 노출된 여러 사례중 하나를 요약하자면 다음과 같습니다.

유명 병원장의 아내인 A씨는 수학 성적이 바닥인 딸에게 명문대 수학과 박사과정에 재학 중인 학생을 선생으로 붙이고 그에게 매달 고액의 과외비를 지불하며 성적이 향상되면 두둑한 인센티브를 제공합니다. 고3 때는 이마저도 부족하다고 생각했는지 전 과목 선생님을 학원장급으로 모집하여 아이를 지도하도록 했습니다. 과외비로 수천만원을 쓸지도 모르는 상황인데도 A씨는 여유가 있습니다. 솔직히 돈은 큰 문제가 아니라고 생각하기 때문입니다. 실제로 아이의 입시결과는 꽤 좋게 나왔습니다. 과외를 받기 전에 지방대를 생각해야 될 성적이었다면 교육을 받고 난 뒤에는 서울 시내 중위권 대학에 진학할 수 있게 되었기 때문입니다. 학교를 졸업하면 미국 유명대학으로 보낼 계획입니다. 한국과 미국의 이름있는 대학교라면 아이의 인생에 큰 도움이 될 것입니다. 대치동 학원 관계자는 '고액 과외로 성적이 상위권에서 최상위권으로 오르는 것은 어렵지만 하위권에서 중위권으로, 중위권에서 상위권으로 상승하는 것은 가능하다'고 말했습니다.

앞의 사례는 좀 과장된 감이 없지 않아 있지만 정도야 어쨌든 부모는 거의 대부분 자녀의 사교육에 상당한 돈을 투자합니다. 그 목적은 다양합니다. 아이들이 친구와 어울릴 수 있었으면 좋겠다는 순수한 의도를 가진 분들도 있고, 우리 아이가 공부한 만큼 성적으로 나와줘야 한다고 생각하는 부모도 있지요. 이렇게 자녀를 교육시켜 명문대에 보낸 학부모는 대중의 주목을 받습니다. 우리 주변에서는 이런 사례를 심심치 않게 찾아볼 수 있습니다. 홈페이지 후기를 보아도, 학원 입시설명회를 가도 상황은 비슷합니다.

그런데 나머지 다른 엄마들은 어디로 간 것일까요? 입시계에는 '실패한 엄마는 조용하다' 라는 격언이 있습니다. 팔레토의 법칙을 생각하면 이해가 쉽습니다. 뛰어난 집단이던 그렇지 않던 상위 20%가 나머지 80%를 먹여 살린다는 이 법칙은 공부에도 그대로 적용됩니다. 성공한 20%의 사람들이 사교육 업체의 매출을 책임지지만, 나머지 80%의 사람들에는 상대적으로 관심이 떨어지는 것이죠. 그러나 우리가 이 80%가 되지 않으리라는 보장은 어디에도 없습니다.

자녀를 좋은 대학교에 보낸 학부모는 '재력, 정보력, 자녀와의 원만한 관계'라는 3가지 조건중 적어도 하나 이상을 충족시킨다는 특징이 있습니다. 이 중에서 가장 중요한 것은 대화를 통해 형성한 자녀와의 원만한 관계입니다. 그러나 부모가 재력과 정보력이 있으면 마지막 조건은 쉽게 무시됩니다. 내가 주입하는 것만 잘 받아들여도 아이가 성공할 수 있다는 자만심이 알게 모르게 작용한 결과입니다.

사실 자녀교육은 학원보다는 부모가 담당해야 합니다. 저는 우리의 교육이 이렇게 된 가장 큰 책임이 부모에게 있다고 생각합니다. 대부분의 부모들이 가장 원하는 것은 자녀를 좋은 대학교에 보내는 것입니다. 이런 기대에 부응하여 사교육 업체는 학생들의 수업 일정을 매우 체계적이고 효과적으로 구성합니다. 학부모들도 이를 놓치지 않습니다. 학원 스케줄을 철저하게 구성하고 그 사이에 생기는 휴식 시간에는 기술적으로 교묘하게 과외를 배치하는 것이죠.

그런데 재미있는 사실은 학생들이 수업을 듣고 과외를 받는 시간은 많지만 정작 혼자 책상에 앉아 무언가를 하는 시간은 매우 적다는 점입니다. 학생들의 성과가 뛰어나려면 배운 내용을 혼자서 다시 곱씹어보는 시간이 필요합니다. 그렇지 않은 학생들은 강의를 들으며 이해했다고 착각한 뒤 시험기간이 되면 배운 내용을 깡그리 잊어버립니다. 부모가 시

키는 대로 사교육을 받은 아이들은 외부로부터 주입된 꿈을 자신의 것이
라 착각합니다. 다음은 그들에게 꿈이 무엇이냐고 물었을 때 나온 대답
중 일부입니다.

'제 꿈은 하버드 대학교 편입이래요'
'저는 6살이고 앞으로 민족사관고등학교에 들어갈 거예요. 엄마가 그래야 한다고
했거든요'

사실 사교육은 잘 활용하면 효과가 뛰어납니다. 강사들은 오랜 훈련을
통해 아이들을 잘 가르치는 기술을 습득합니다. 학교와 달리 성과를 내지
않으면 자리를 빼앗긴다는 것도 눈여겨봐야 할 부분입니다. 강사로서는
생존이 걸린 문제이니 아이들을 열심히 가르칠 수밖에 없습니다. 이런 과
정이 반복되면서 사람들은 공교육보다 사교육에 의존하게 되었습니다.

사교육을 잘 활용하기 위해서는 몇 가지 조건이 충족되어야 합니다.
첫째는 학원 수업을 제외하고 방해를 받지 않고 자율적으로 공부할 수
있는 시간을 확보하는 것이고, 둘째는 부모와 아이가 끊임없이 대화하며
원만하게 인생의 목표를 합의하는 일입니다. 만약 아이가 이런 환경에서
자라 스스로 부족한 것을 파악할 수 있을 정도의 능력을 갖춘다면 필요
시 부모에게 원하는 사교육의 형태를 직접 말할 수 있습니다. 부모의 입
장에서는 아이의 의견을 반영하는 것과 동시에 자신이 원했던 것을 이룰
수 있으니 일석이조입니다. 가정에서 지향해야 할 이상적인 형태라고 생
각합니다.

만약 이런 조건을 만족하지 않고 자본과 정보의 힘으로만 아이를 교육시킨다면 좋은 결과를 기대할 수 없습니다. 강압적으로 지식을 주입한다고 해서 좋은 학생이 되는 것은 아닙니다. 교육은 사람이 살아가는데 필요한 지식이나 기술을 배우는 활동입니다. 살아가는데 지식만이 필요하다는 생각은 큰 착각입니다. 오히려 사람들과의 관계를 돈독히 하고 내가 세상에 온 이유를 자각하며 지금 있는 이곳을 더 멋지게 만들기 위해 무엇을 해야 하는지 생각하는 일이 훨씬 더 생산적입니다. 이는 학벌과는 무관합니다. 2014년 하반기를 뜨겁게 달군 땅콩회항사건의 주인공 조현아 씨를 떠올려봅시다. 그녀는 미국의 유명 아이비리그인 코넬대학교의 호텔경영학과를 졸업한 재원입니다. 그러나 좋은 학교를 나왔다고 해서 그 사실이 그녀의 인성까지 보장해주는 것은 아닙니다. 상대방을 배려하지 않는 무책임한 행동과 자신의 잘못을 덮으려는 조직적인 움직임이 세계에 생중계되면서 해당 기업의 도덕성은 땅바닥에 떨어졌습니다.

더 중요한 것은 이런 방식으로 공부를 한 아이들의 사고력을 책임져주는 사람이 없다는 것입니다. 강사들이 유명해질 수 있었던 원인을 한 번 생각해봅시다. 그들은 단순히 문제를 잘 설명한다는 이유만으로 유명해진 것이 아닙니다. 오히려 지금의 실력을 갖추기까지 수많은 시행착오를 거치며 성장했습니다. 정도는 다르지만 이들은 자신이 지도하는 과목에서 출제되는 문제의 유형을 분석하고 이를 관통하는 나름의 원리를 발견한 뒤 학습에 접목시켰습니다. 이 때 중요한 것은 기존의 데이터를 바탕으로 자신만의 원리를 도출해내는 분석력과 이를 하나의 개념으로 엮을 수 있는 창의력입니다. 아쉽게도 유명강사들은 한결같이 이런 전반적인 과정을 아이들에게 전달하기 어렵다고 토로합니다. A에서 B로 가기위한 길을 만든 과정보다는 빠른 길만 알려주면 된다는 인식이 팽배해있기 때문입니다. 당연히 아이들의 사고력은 약해질 수밖에 없습니다.

　학부모들은 돈으로 교육을 살 수 있다고 생각하지만 따지고 보면 정작 중요한 것은 돈으로 살 수 없습니다. 예전에는 돈으로 살 수 있는 부분이 사회생활에서 중요했지만 요즘은 그 축이 조금씩 이동하고 있습니다. 돈으로 살 수 없는 창의력이나 생각하는 힘을 요구하는 현 시점에서 과거의 프레임만을 고집하는 근시안적인 태도는 옳지 않습니다. 가장 먼저 변해야 할 사람은 바로 학부모입니다. 아이의 전체적인 미래를 고민하는 사람이라면 대학졸업 이후 자녀가 어떤 삶을 보내게 될지 생각해봅시다. 그렇게 떠올린 것들을 효과적으로 달성하기 위해 자녀를 도와줘야 한다는 사명의식이 생겼다면 지금과 같은 방법을 고수해서는 안 됩니다.

책 치우라 말하는
보수적인 대한민국

학생들의 읽기 능력을 걱정하는 대학교수님들이 늘어나고 있습니다. 한 장짜리 리포트 과제에도 쩔쩔매는 학생들이 많아지고 스스로의 생각을 표현하기보단 다른 사람들의 주장을 무의식적으로 받아들이는 사람들이 늘어났기 때문입니다. 실제로 저 역시도 비슷한 경험을 했습니다. 과외수업시간에 영어 문제를 풀던 학생이 한글로 된 지문을 읽고 해석하지 못했던 것입니다. 영어로 된 글을 모두 이해하면서도 한글로 된 질문의 뜻을 몰라 문제를 풀지 못하는 상황은 참으로 아이러니했습니다.

이런 현상이 발생하는 원인은 학생들이 자신의 생각을 표현하기보단 받아들이는 교육에 익숙해져 있기 때문입니다. 학교 교실을 살펴보면 토론식 수업 보다는 강의식 수업의 수가 압도적으로 많습니다. 대학교에서 리포트 과제가 주어지긴 하지만 학생들은 인터넷의 자료를 짜깁기 하는 수준에서 마무리 합니다. 학생들이 처음으로 자신의 생각을 담아 글을 써야 하는 때는 거의 취업준비 시즌이 되는 대학교 4학년 무렵입니다.

학생들에게 취업은 자신의 이십 년 또는 30년 후의 미래까지도 결정할 수 있는 중요한 부분이기 때문에 필요한 것을 준비하는데 많은 공을 들입니다. 그런데 정작 자신만의 이야기를 글로 풀어 쓰는 능력이 없기 때문에 이력서를 낼 때 작성하는 자기소개서는 엄청난 부담으로 다가옵니다. 이에 학생들은 자기소개서 작성을 도와주는 과외를 받거나 심지어 대필까지도 고려합니다. 이것 이외에도 할 일이 많기 때문입니다.

실제로 창조의 원천은 재해석입니다. 우리 주변의 발명품을 살펴보면 실제로는 얼마든지 충분히 떠올릴 수 있는 것들이 많습니다. 우리가 이런 생각을 하지 못하는 이유는 창의력이 논리적 사고의 연산으로 나온 결과물이라는 사실을 알지 못하기 때문입니다. 창조의 원천인 재해석 능력을 향상시키는데 필요한 것은 훈련입니다. 대개 인문학자들은 그 결과물이 글로 나오고 과학자들은 발명품으로 나옵니다. 중요한 것은 자신의 생각을 특정한 원리로 표현하려고 끊임없이 노력했다는 점입니다.

저는 학생들이 무언가를 새롭게 만들어내는 행위에서 재미를 느꼈으면 좋겠습니다. 세상을 바꾸는 힘은 창의력에서부터 나옵니다. 우리 주변에 있는 모든 물건들은 다 누군가의 치열한 생각에서부터 시작된 것입니다. 옛 것을 지키고 보존하는 것도 중요하지만 옛 것이 최고라고 생각하며 주변을 돌아보지 못하는 자세는 지양해야 합니다. 우리는 이미 이런 사람들의 미래를 역사를 통해서 확인하였습니다. 끊임없이 자신을 갈고 닦지 않는 사람은 다른 사람들의 지배를 받을 수밖에 없습니다.

대한민국은 1950년대 이래로 지금까지 눈부신 속도로 성장해 왔습니다. 정부의 주도 아래 모든 사람이 합심해서 노력하며 어려움을 해결해 나갔기 때문입니다. 그러나 이제는 일사분란하게 움직이는 것 하나만으로 예전의 성과를 기대하기는 어렵습니다. 창의적인 아이디어 하나만으로도 엄청난 부가가치를 만들어내는 요즘을 생각해 보시기 바랍니다. 이와 같은 상황에서 예전의 프레임을 고수한다면 시대에 뒤쳐지는 사람이 될 것입니다. 자신의 생각을 효율적으로 표현하는 사람이 됩시다. 이것만이 요즘과 같은 시대 상황에서 살아남을 수 있는 유일한 길입니다.

우리는 책을 왜 읽어야 하는가?

한국사람들은 1년에 책을 몇 권이나 읽을까요? 2013년도에 문화체육관광부가 실시한 국민 독서 실태 조사 자료에 따르면 성인들의 월평균 독서량은 0.7권으로 아주 낮게 나타났습니다. 1년에 책을 한 권도 보지 않는 사람들의 비율도 30%로 매우 높았습니다.

세상을 살아가는데 있어 가장 필요한 것은 무엇일까요? 돈, 명예, 사랑, 가족 등 다양한 것이 나올 수 있겠지만 저는 그 중에서 가장 중요한 요소로 이 모든 것을 만들어 낼 수 있는 생각의 힘을 들고 싶습니다. 남의 말을 앵무새처럼 따라하지 않고 자신이 열심히 공부하며 익힌 내용에 근거하여 다른 사람을 설득하고 스스로를 발전시킬 수 있는 능력 말입니다. 우리나라를 제외한 해외의 교육과정에서는 올바르게 말하기와 쓰기에 대한 교육이 매우 심도 있게 이루어지고 있습니다.

실제로 미국의 명문대학교인 하버드에서 가장 중요하게 생각하는 능력은 독서와 글쓰기입니다. 열심히 공부한 내용을 효과적으로 표현하는 일이 사회에서 성공하는데 반드시 필요하다고 생각하기 때문입니다. 미국사회 내에서 성공한 이들은 모두 자신의 생각을 효율적으로 표현하는 기술을 익혔습니다. 우리가 잘 아는 오바마 대통령의 경우 자신의 책을 팔아 마련한 돈을 선거 자금으로 활용하기도 했지요.

만일 누군가가 제게 책을 왜 읽어야 하는지 묻는다면 저는 **'책은 사람들의 성향과 트렌드를 예측하는 눈을 기르는데 큰 도움이 된다'** 라고 답할 것입니다. 책을 읽은 사람은 책을 읽지 않은 사람들이 보지 못하는 것을 볼 수 있습니다. 일반적인 동물의 시야는 90도에서 120도 사이지만 카멜레온은 360도로 사실상 사각지대가 없습니다. 독서는 한 번에 볼 수 있는 사물의 수와 양 그리고 범위를 늘리는 행위입니다.

만약 전쟁중인 장수가 적군이 모두 보이는 높은 곳에 이미 올라가 있다면 그렇지 않은 장수보다 승리할 가능성이 훨씬 높아집니다. 다른 사람이 얻지 못하는 정보를 기반으로 새로운 전략을 짤 수 있기 때문입니다. 병법의 기본은 내가 하는 일을 다른 사람이 알아채지 못하게 하는 것입니다. 독서의 목적도 마찬가지입니다. 독서는 다른 사람들이 알지 못하는 것을 미리 알아나가는 행위이기 때문입니다.

무엇이 이 나라 학생들을 똑똑하게 만드는가?

세계의 많은 사람들은 한국인의 학업능력이 뛰어나다고 생각합니다. 이를 증명하는 지표는 많이 있습니다. 한국은 영국 최대의 교육&출판 기업이자 이코노미스트, 파이낸셜타임스를 발행하는 피어슨 그룹이 실시한 '2014 국제 인지능력/학업성취 지수'에서 1위를 차지했습니다. 오바마 대통령은 미국이 한국의 교육제도를 본받아야 한다고 공개적인 자리에서 여러 차례 강조했습니다. 사실 한국은 2012년에 실시한 조사에서는 핀란드에 밀려 2위를 기록했으나 지수 산출에 바탕이 되는 국제학업성취도평가(PISA)와 수학/과학 성취도 평가(TIMSS)에서 최상위 수준의 성적표를 받으면서 마침내 1위 자리를 탈환했습니다.

그런데 2위로 밀린 핀란드의 반응이 재미있습니다. 그들은 한국식 교육에 대한 성과를 높이 평가하면서도 아이들이 받는 스트레스를 매우 걱정했습니다. 2006 PISA 책임 관리자인 베르나르 위니에는 다음과 같이 말했습니다.

"한국 학생들이 세계에서 가장 우수한 학생들에 속하는 것은 사실이죠. 하지만 세계에서 가장 행복한 아이들은 아니에요. 공부를 많이 해야 하고 아이들 사이의 경쟁이 치열하니까요. 한국 학생들은 핀란드에 비해 공부에 대한 의욕이 낮아요. 그래도 성적은 좋죠. 왜일까요? 바로 경쟁 때문이죠."

영국의 철학자인 존 로크는 그의 저서 인간지성론 4권에서 지식을 확실성의 정도에 따라 직관적 지식, 논증적 지식, 감각적 지식의 세 종류로 구분했습니다. 직관적 지식은 수학적 지식으로 모든 논리가 수치화되어 나타나기 때문에 가장 정확합니다. 논증적 지식은 추론에 의한 지식을 말합니다. 예를 들어 '삼각형의 내각의 합은 두 개의 직각과 같다' 는 명제는 삼각형과 각도 그리고 합에 대한 개념을 알아야만 이해할 수 있습니다. 감각적 지식의 경우 판단 근거는 과거의 경험입니다. 그렇기 때문에 상대적으로 오류가 많다는 맹점이 있습니다. 나에게 좋은 것이 다른 사람에게는 나쁜 것이 될 수도 있을 테니까요.

논리적인 추론 능력이 없을 경우 사람들이 가장 신뢰하는 것은 수학적 지식입니다. 한국 사람들이 가장 좋아하는 점수 매기기지요. 사실 숫자는 우리 생활에서 매우 중요합니다. 데이터는 모두 숫자를 기반으로 이루어져있습니다. 회사의 경영지표나 매출구조를 포함하여 우리 생활에서 활용되는 숫자는 무궁무진합니다. 당연히 숫자는 학생들이 대학에 입학할 때도 중요합니다. 그렇기 때문에 그들이 겪어야 하는 스트레스의 강도는 매우 높습니다.

다시 한국인의 학업능력으로 돌아와 봅시다. 앞서 저는 한국인이 우수한 학생이라는 것을 수치로 보여주었습니다. 그런데 이에 이의를 제기하는 사람들이 많아졌습니다. 한국인들의 학업 성취도가 생각만큼 뛰어나지 않다는 것입니다. 그들이 주장하는 근거도 수학적 지식에 근거하고 있습니다. 숫자의 출처는 국제성인문해능력조사(International Adult Literacy Survey, IALS). OECD가 캐나다 통계청과 진행한 공동 프로젝트입니다.

IALS는 세 영역으로 이루어져 있습니다. 논설, 기사, 시, 소설 기반의

텍스트를 이해하고 사용하는데 필요한 지식과 기술을 평가하는 산문문해, 시간표, 지도, 도표, 그래프 등의 시각적 정보를 이해하는 문서문해, 금전출납, 주문양식, 대출이자 등 숫자를 계산하거나 수학 공식을 적용하는데 필요한 지식과 기술을 평가하는 수량문해입니다. 한국인들의 결과는 어땠을까요?

결과는 충격적이었습니다. 한국인의 성인문해력은 학력이 높을수록 다른 나라와 큰 차이를 보였습니다. 중졸 이하 학력자의 문해 수준은 중하위권이었고 대졸 이상 학력자는 산문문해 19위, 문서문해 23위, 수량문해 21위를 기록하며 최하위권에 머물렀습니다.

이 사실은 한국 사람들이 글을 읽을 줄은 알지만 글에 담긴 의미는 정확하게 파악하지 못한다는 사실을 의미합니다. 사실 원인은 아주 쉽게 파악할 수 있습니다. 토론식 수업보다는 주입식과 족집게 과외를 선호하고, 국어교육보다는 영어교육에 더 열을 올립니다. 이전에 언급한 낮은 독서율도 원인으로 꼽을 수 있습니다.

글을 읽고 쓸 줄 아는 것과 이해하는 것 사이에는 큰 차이가 있습니다. 단순히 글을 읽을 줄 안다고 해서 그 사람이 인생을 현명하게 살 수 있는 것은 아닙니다. 스스로의 생각으로 인생을 주체적으로 살아야 하는데 그렇지 못하기 때문에 다른 사람들이 이용할 수 있는 여지가 참으로 많이 있기 때문이죠. 실제 보면 진짜 똑똑한 사람의 수는 적은 편입니다. 주어진 조건을 기반으로 어떻게 살아야 할지 고민을 하는 사람도 그리 많지 않습니다.

제러드 다이아몬드의 총균쇠에서는 사람들의 발전하는 속도가 다른 원인을 '환경'이라고 진단했습니다. 만일 서울에 살고 있는 평범한 사람이 아마존으로 갔다고 가정해봅시다. 그는 그곳에서 살아남을 수 있을까요? 또 반대로 아마존에서 잘 살고 있는 엘리트 부족의 일원을 서울 한복판에 두면 그는 잘 적응할 수 있을까요? 대답은 여러분들이 예상하시는 대로일 것입니다.

우리는 한 곳에서 유용한 지식이 다른 곳에서는 쓸모 없어지는 경우를 상당히 많이 접합니다. 그렇기 때문에 우리는 어떤 환경에서도 활용할 수 있는 지식을 고민해야 합니다. 제가 생각하는 나름대로의 정답은 '올바른 것을 생각해내는 힘'입니다. 사람은 각자 처한 환경이 다릅니다. 이는 우리가 공부를 할 때 끊임없이 의문을 가져야 한다는 사실을 의미합니다. 혼자서 스승의 지식을 비판 없이 수용하는 한국에서는 아직까지 이 방법이 활성화되지 않았습니다. 또한 좋아하는 것을 생각하지도 않고 무언가에 몰입하는 경험을 할 가능성도 상대적으로 매우 낮습니다.

학생들을 똑똑하게 만드는 것은 치열한 노력과 공부를 즐기는 열정입니다. 이는 학교 성적과는 무관합니다. 만약 그렇다면 우리가 TV에서 보는 똑똑한 사람들은 모두 학교성적이 좋아야 합니다. 하지만 천재성을 나타내는 분들 중에는 학교생활에 잘 적응하지 못한 사람도 많습니다. 다만 그들은 좋아하면서도 자신이 잘 할 수 있는 것을 어린 시절부터 찾

아 열심히 공부했고 그래서 좋은 결과를 만들어냈습니다. 피겨여왕 김연
아는 7살 때 스케이팅을 처음 시작했고, 오마하의 현인인 워런 버핏은
11살 때 주식투자를 시작했습니다. 우리 역시도 자신이 좋아하는 것을
일찍 찾고 그 일에 대한 가치를 발견할 수 있다면 그들보다 더 뛰어난 성
과를 낼 수 있을 것이라고 생각합니다. 그러기 위해서는 아이를 지도하
는 부모가 깨어있어야 합니다.

한국이 노벨상을
못 받는 이유

🏆 노벨상은 덕후에게 달렸다

노벨상은 다이너마이트를 발명한 알프레드 노벨의 유언에 따라 매년 인류 문명발달에 기여한 사람들에게 수여하는 상입니다. 수상자는 전 세계적으로 명성을 얻을 수 있기 때문에 경쟁 역시 치열합니다. 우리나라에서도 매년 노벨상 후보가 될 수 있는 사람들이 거론되지만 항상 그 자리는 다른 나라의 인물이 차지합니다.

부끄럽게도 우리나라에서 노벨상을 수상한 사람은 김대중 대통령 단 한 사람뿐입니다. 그런데 우리나라 바로 옆에 위치한 일본은 우리와 상황이 많이 다릅니다. 2014년도를 기준으로 노벨 물리학상을 수상한 사람만 10명에 달하고 화학, 문학, 의학 및 생리학을 포함한 다른 영역까지 합치면 수상자의 수는 총 22명으로 늘어납니다. 그들과 우리가 다른 점은 무엇일까요? 무엇이 일본으로 하여금 노벨상을 우리보다 더 잘 받을 수 있도록 만들어줄까요? 우리가 연구하고 고민한다면 그 해답을 찾을 수 있을 것이라 생각합니다. 다음의 이야기를 통해 힌트를 발견해 보도록 합시다.

2014년 11월 12일 유럽우주국에서 화성과 목성 사이에 있는 혜성 위에 탐사선 로제타를 착륙시키는 대사건을 성공시켰습니다. 이 사건이 대단한 이유는 이 당시 혜성이 초속 18km라는 엄청난 속도로 날아가고 있었기 때문입니다. 유럽우주국의 맷 테일러 박사는 이번 프로젝트의 난이도를 '날아가는 총알을 맞히겠다며 눈을 가린 채 말을 타고 질주하면서 총알을 쏘는 격' 이라고 표현했습니다.

이 프로젝트를 성공시키기 위해 유럽우주국은 많은 노력을 기울였습니다. 2004년부터 시작된 이 프로젝트에 1조 8000억원에 달하는 돈을 투자한 것입니다. 로제타호는 2004년 3월 로켓에 실려 발사된 뒤 10년 5개월 동안 우주에서 떠돌다 2014년 8월이 되어서야 목적한 혜성의 궤도에 진입했습니다. 거의 성공할 가능성이 없었음에도 불구하고 그들은 개의치 않았습니다.

그런데 대부분이 불가능하다고 생각했던 일을 꾸준히 한 사람들 중에는 성공하여 큰 명성을 얻은 이들이 많습니다. 사람들이 가능성이 없다고 무시했던 프로젝트에 끊임없이 도전하여 청색 발광다이오드(LED)를 개발한 공로로 노벨상을 수상한 아카사키 이사무 교수, 망해가는 회사에 신입사원으로 입사한 사실에 절망하지 않고 연구에 몰두하며 신제품을 개발한 것을 시작으로 성공가도를 달리며 현재는 경영의 신이라 추앙받는 이나모리 가즈오 회장 등이 대표적인 예입니다.

앞서 언급한 사례의 공통점은 무엇일까요? 이들은 모두 다른 사람들의 시선을 신경 쓰지 않고 자신이 좋아하는 일에 열정과 노력을 다했습니다. 때로는 자신의 즐거움을 위해 때로는 사명감을 갖고 열심히 몰두한 결과 마침내 스스로의 목표에 부합하는 결과물을 만들어 낼 수 있었던 것이죠. 이런 사례는 생각보다 많습니다.

다음 스토리볼 '웰컴 투 오덕월드'에 소개된 치믈리에 (치킨 감별사) 권선우 씨. 냄새만 맡고도 치킨의 브랜드를 맞출 수 있을 정도로 일가견이 있는 그는 누구도 못 말리는 열혈 치킨 전도사입니다. 인터뷰의 내용 중 냄새에 따른 브랜드 구별법에 대한 부분을 일부 살펴보도록 하겠습니다.

"예를 들어 BHC 치킨은 기름 냄새가 독특해요. 해바라기 유를 써서 기름 특유의 냄새가 나죠. 또래오래는 튀김옷에서 땅콩버터의 향이 나고요. 양념은 크게 한국식과 서양식이 있는데, 한국식은 마늘과 고추장이 많이 들어간 소스고 서양식은 케첩이 주된 베이스죠."

치킨을 너무 좋아한 나머지 교내 치킨 동아리 피닉스를 만들어 열심히 활동한 결과 그는 다양한 곳에서 러브콜을 받았습니다. 치킨 업체 광고 대행사의 자문을 맡기도 하고 KBS '굿모닝 대한민국', SBS '생활경제', 채널A '먹거리 엑스파일' 등에도 출연했습니다. 방송보다 치킨을 사준다는 말에 마음을 굳혔다고 합니다.

권 씨의 사례를 통해 우리는 좋아하는 일을 하며 인생이 전혀 예상치 못한 방향으로 전개된다는 사실을 알 수 있습니다. 이 과정에서 다른 사람들이 보지 못하는 것을 볼 수 있는 애정이 생기기 때문입니다. 이런 사람들은 다른 이들에 비해 자신을 발전시킬 기회가 상대적으로 많습니다.

글의 서두에서 언급한 노벨상의 수상 기준은 독창성입니다. 노벨상은 인류에 큰 기여를 한 연구, 발명이 있을 경우 그 아이디어를 처음 만든 사람에게 상을 수여합니다. 이 말은 최초의 원리를 만든 사람이라면 노벨상을 받을 자격이 있지만 이에 바탕을 둔 생산이나 응용에 기여를 한 사람의 경우 상대적으로 수상의 가능성이 낮다는 것을 의미합니다. 결론적으로 노벨상을 수상하기에 가장 유리한 사람은 창의적인 사고를 하는 사람입니다.

이쯤에서 한국의 현실을 한 번 살펴보도록 합시다. 모두가 알고 있는 대로 우리에게 요구되는 자질은 거의 비슷합니다. 고등학생들에게는 일정 수준 이상의 수능성적과 내신 및 비교과 포트폴리오가 요구되고 취업을 하는 사람들에게는 학점, 영어능력, 봉사활동, 공모전, 인턴경험 등의 조건이 중요합니다. 요즘에는 여기에 창의성까지 더해야 합니다. 이에 학생들은 창의적인 인재로 보이기 위해 필요한 능력을 길러주는 과외를 찾습니다. 씁쓸한 현실입니다. 사실 천편일률적인 스펙을 강조하며 동시에 창의성까지 요구한다는 것은 이치에 맞지 않습니다.

또한 대학의 연구 평가 척도에도 중대한 결함이 있습니다. 단기 업적에 대한 집착이 낳은 창의성의 부재입니다. 대학 교수나 연구기관의 한 해 업적평가에서 가장 중요한 기준은 유명 논문집에 자신의 논문이 얼마나 많이 실렸느냐 입니다. 당연히 질보다는 양적인 연구에 집착할 수 밖에 없는데 이럴 경우 논문의 주제는 기존의 것을 보완·개량하는 방향으로 정해질 수 밖에 없습니다. 당연히 노벨상과는 거리가 멉니다.

우리는 지금까지 과정보다는 결과를 빨리 내는 방법을 배워왔습니다. 곰곰이 생각해보면 교과서에 실린 이론이나 아이디어는 모두 결과입니다. 열심히 고민해서 누군가가 만들어 낸 것을 아무런 대가 없이 그대로 가져가는 과정을 오랫동안 반복했던 것이죠. 문제는 이런 결과를 도출하게 된 수많은 과정은 교과서에 나와있지 않다는 점입니다. 오늘날 중요한 것이 지식을 스스로 만들어내는 것임에도 불구하고 학교에서는 기존에 있는 지식을 효과적으로 활용하는 방법만 주입하고 있습니다. 당연히 학생들은 성인이 되어서도 문제를 진단하는 능력을 갖출 수 없습니다. 시작점이 주어졌을 때 어디로 가야 하는지, 어떻게 결과를 산출해야 하는지 생각해 본 적이 없기 때문입니다.

우리가 창의적인 사고를 하기 위해서는 결과보다는 결과에 이르기 위한 과정이 훨씬 더 중요합니다. 내가 하고 있는 일을 중요하게 생각하고 즐기며 남들이 알지 못하는 것을 조금씩 발견해나가는 것이죠. 그러는 가운데 전문성이 생기고 창의적인 생각을 할 수 있게 됩니다. 한국에서 노벨상 수상자가 나오지 않는 결정적인 이유는 우리가 배우는 교육과정이 결과를 찾는데 최적화 되어있기 때문입니다. 문제는 21세기가 하나의 결과만으로 모든 것을 판단할 수 없는 시기라는 점입니다. 노벨상이 우리에게 시사하는 것도 이와 같습니다. 새로운 것을 만들어내어 주변 사람들에게 유익함을 주는 것, 이게 우리가 살아야 할 이유이자 노벨상을 수상하는 사람들의 공통점이기도 합니다.

정보를 통제하는
사람들의 전략

사람을 조종하는
21세기 미디어 전략

마셜 맥루한이 쓴 "미디어의 이해"라는 책이 있습니다. 1964년도에 출간된 이 책은 현대 미디어의 속성을 정확하게 파헤쳤다는 평가를 받으며 고전의 반열에 올랐습니다. 그는 책에서 "정보를 전기적 스피드로 처리할 수 있게 되면서 정보의 성격이 바뀌었다. 이해되고 분류되는 것이 아닌 형태로서 인식되기 시작한 것이다. 이는 새로운 미디어가 원인이 된, 인간이 지닌 인식 기능의 변화였다." 라는 말로 미디어의 속성을 정의했습니다.

그의 주장 중 가장 대표적인 것은 핫&쿨 미디어 이론입니다. 간단히 말하면 핫 미디어는 정밀도가 높고 데이터 면에서 충실한 미디어를 말하고 쿨 미디어는 핫 미디어와 반대의 성격을 지닙니다. 맥루안의 이론에 빗대어 볼 때 사진은 핫 미디어이고 만화는 쿨 미디어인 것이지요.

이 두 개의 미디어 중 오늘날 우리에게 중요한 것은 무엇일까요? 이전에는 핫 미디어가 중요했지만 요즘에는 그 축이 조금씩 쿨 미디어로 이동하고 있습니다. 그 이유는 간단합니다. 쿨 미디어에서 발견되는 부족한 부분이 수용자의 참여를 유도하기 때문입니다. 일반적으로 대중은 전문적인 것보다는 간단하면서도 참여하기 쉬운 것을 좋아한다는 사실에 주목해보면 우리는 이를 쉽게 알 수 있습니다.

맥루한이 앞의 이론을 발표한 이후 가장 이득을 본 집단은 기업입니다. 쿨 미디어를 기반으로 한 마케팅을 통해 대중을 조작할 수 있게 된 기업은 수요가 없음에도 구매 의욕을 자극함으로써 수요와 공급이라는 고전적인 경제 균형을 파괴했습니다. 오늘날 소비자는 SNS를 통해 보이는 블로그 리뷰, 체험단 등의 이벤트에 무방비 상태로 노출되어 있습니다. 당연히 이전에 비해 구매에 대한 유혹이 증가했습니다. 시대가 변한 것이지요.

인터넷의 발달로 대중들의 데이터 수집이 용이해진 상황에서 이 이론은 더욱 힘을 발휘합니다. 우리가 일상적으로 사용하는 구글의 검색, 무심코 누르는 페이스북의 좋아요 등의 데이터를 착실히 모은 기업은 앞서 말한 쿨 미디어 이론을 바탕으로 소비자의 참여를 유도하는 유혹적인 콘텐츠를 만들어 유통시킵니다. 물론 이런 추세는 교육계에서도 똑같이 적용됩니다.

그렇다면 우리는 어떻게 해야 할까요? 먼저 기업이 이런 전략을 활용한다는 사실을 기억하고 그들이 짜놓은 판에 넘어가지 않도록 미리 준비해야 합니다. 물론 자발적으로 구매하고 싶은 소비자는 제외합니다. 문제는 이런 자발적인 마음 역시도 기업의 전략에 의해 만들어진 것일 수도 있다는 사실을 깨달아야 한다는 점입니다. 정신을 똑바로 차리지 않으면 나의 것을 쉽게 빼앗기는 세상이 된 것 같아 조금 아쉽습니다. 국가도, 친구도 이 문제는 해결해 줄 수 없습니다. 자신의 판단력을 믿을 수 있도록 다양한 방법으로 개인의 역량을 향상시키는 것은 어떨까요?

우리는 모두 연결되어 있다

맥루한은 현대를 기술과 기술로 인해 가까워진 대중이 개인의 의식에 직접 영향을 미치는 시대라고 주장합니다. 그렇다면 이런 시대에서 우리는 어떻게 해야 할까요? 우리는 다른 사람들의 생각을 효율적으로 받아들이고, 이를 내 삶에 잘 활용할 수 있는 방안을 고민해야 합니다. 또한 앞으로 오게 될 새로운 시대를 맞아 생각하는 법을 고민하고 발전시켜야 하죠. 이전까지 사람들이 어떤 패턴으로 움직였는지 확인하며 앞으로의 미래를 예측해보는 것도 좋은 방법 중 하나입니다.

맥루한은 자신의 저서 '구텐베르크 은하계'에서 기술이 전달하는 내용보다 기술 자체가 인간에게 더 큰 영향을 미친다고 주장했습니다. 그의 견해에 따르면 인간이 사용하는 도구는 신체의 확장인 셈이지요. 지금 제가 글을 쓰는데 활용하는 컴퓨터나 태블릿 피시도 따지고 보면 제 생각을 표현하는 수단의 하나이므로 신체의 일부라고 보아도 무방할 듯싶습니다. 사람들은 살면서 자신만의 도구를 만들어 냅니다. 좋아하는 분야와 관련된 도구를 만지는 과정에서 나의 직업이 결정되지요. 요리사가 사용하는 장비와 웹 디자이너가 사용하는 장비는 확연히 다릅니다.

재미있는 것은 특정인들은 이런 도구로 다른 사람들이 알지 못하는 것을 공유하며 자신을 유리한 위치에 놓는 전략을 사용한다는 점입니다. 오늘날 사람들은 무수히 많은 정보를 접하며 살아갑니다. 뉴스를 예로 들어보겠습니다. 예전에는 신문만 살펴보면 되었지만 오늘날에는 텔레비전, 신문, 다양한 인터넷 포털, 소셜 네트워크 등 그 종류도 다양해졌습니다. 그렇기 때문에 사람들은 좋던 싫던 특정한 기준을 갖고 정보를 분류해야 합니다.

그런데 시간이 지나면서 사람들의 마음에 있는 판단 기준을 바꿀 수 있는 이들이 생겨나기 시작했습니다. 다양한 전략을 활용하여 사람들에게 정보를 노출하고 결국 그들을 자신의 의도대로 움직입니다. 이런 사람들의 대표적인 예는 바로 마케터입니다. 소비자는 상품을 구매하고 싶어하지 않지만, 마케터는 다양한 방식으로 소비자를 설득하여 자사의 제품을 구매하도록 만듭니다.

무언가를 먼저 알고 있는 사람은 다른 이들에 비해 자신에게 유리한 환경을 구축할 수 있습니다. 특히 맥루한이 강조한 의식에 직접적인 영향을 미칠 수 있죠. 그 이유는 과도하게 많은 정보에 있습니다. 우리는 대개 정보가 많을수록 좋다고 생각하지만 이를 자신만의 기준으로 분류할 능력이 없다면 정보가 많아도 큰 도움이 되지 않습니다. 인간이 사용하는 도구는 인간에게 엄청난 영향을 미치지만 통제하는 것 역시 인간이어야 합니다. 허나 이를 통제할 수 있는 사람들의 수는 적은 편입니다. 그렇기 때문에 사람들의 의식을 바꾸려는 그들의 노력이 먹히는 것이지요. 지혜를 얻으려면 밖에서부터 들어온 많은 정보를 정리하고 그 의미를 파악하기 위해 부단히 노력해야 합니다. 방해 받지 않는 시간을 두고 깊이 생각하는 훈련이 되어있으면 훨씬 더 좋습니다.

에드거 앨런 포의 단편 소설인 '소용돌이 속에서'에 등장하는 어부도 앞서 말한 것과 비슷한 상황을 겪습니다. 배가 소용돌이에 빨려 들어 죽음을 각오해야 될 상황에서 마음을 가라앉히고 생각한 결과 소용돌이의 작용원리를 깨닫게 된 것입니다. 다른 배들이 소용돌이 속으로 빨려 들어 부서지는 상황에서 그는 부서진 배의 파편이 모양에 따라 달리 움직인다는 것을 발견했습니다. 특히 원통 모양의 파편은 쉽게 가라앉지 않았지요. 이 사실을 확인한 그는 배위에 있던 원통형 물통을 자신의 배에 묶고 밖으로 뛰어내리는 강수를 선택합니다. 물론 효과가 있었죠. 우리 역시도 삶에서 이런 지혜를 발휘해야 할 때입니다. 주변의 목소리보다 내면에 귀를 기울이며 진정으로 내가 원하는 것이 무엇인지 확인해보시기 바랍니다. 자신의 미래와 아이와의 관계 등 많은 면에서 도움이 될 것입니다.

정보로 사람을
조종할 수 있는가?

고대 그리스의 시인인 소포클레스는 '이성, 그것은 신으로부터 부여받은 최고의 선물이다.' 라는 말을 남겼습니다. 이 말처럼 우리는 자신을 이성적인 존재라고 생각합니다. 살면서 일어나는 문제에 대한 해결책을 스스로 찾고 이를 실천해나가면서 이상적인 삶을 영위하는 것이죠.

해결책을 찾기 위해 중요한 요소 중 하나는 정보입니다. 현대사회에서 정보의 중요성은 매우 큽니다. 시험범위를 모르면 다른 친구들에 비해 준비과정이 몇 배는 더 고됩니다. 군사작전을 수행하면서 적의 동태를 파악하지 못하면 치명적인 결과를 유발합니다. 아무리 능력이 좋아도 이를 도출해내는 정보가 부족하다면 그렇지 않을 때보다 판단능력이 떨어질 수 밖에 없기 때문입니다.

학습의 영역에서도 이런 원리는 똑같이 적용됩니다. 그 중에서도 가장 치열한 분야는 입시입니다. 학생들은 전형별 입학전략을 정확하게 파악하는 것과 동시에 이상적인 내신 관리 방안에도 많은 관심을 기울입니다. 성공사례 또한 꼭 확보해야 할 정보 중 하나입니다. 유명대학교에 입학한 학생들의 체험담이나 입시정보는 쉽게 얻기 어렵기 때문에 큰 도움이 됩니다. 학부모들은 이런 정보를 바탕으로 자신의 아이를 교육시키기 위한 철학을 정립합니다.

그런데 잘 살펴보면 재미있는 것이 있습니다. 똑같은 정보를 들은 사람들이 이후에 하는 행동이 전부 다르기 때문입니다. 물론 원인은 학생의 능력과 집안의 환경이 모두 제각각이라는 점에 있습니다. 정보를 가장 이상적으로 활용하기 위한 방법을 고민하는 과정에서 나온 결과라 할 수 있습니다. 자신에게 가장 유리한 것을 해야 원하는 목표를 달성할 수 있기 때문에 이는 어찌 보면 자연스러운 현상입니다.

하지만 이런 상황은 마케터에게는 그다지 좋지 않습니다. 대개 광고를 하거나 다른 사람들에게 자신의 제품을 알렸을 때 마케터가 바라는 이상적인 상황은 예측할 수 있는 반응이 나오는 것입니다. 그래야 자신의 의도대로 사람들을 움직일 수 있기 때문입니다. 그들의 최종 목적은 상품을 소비자가 구매하도록 만드는 것입니다. 접근 방식은 다를 수 있지만 궁극적으로 마케터가 생각하는 것은 이 범주에서 크게 벗어나지 않습니다.

이런 수단으로 지금까지 가장 많이 활용되어 온 매체는 TV입니다. 유명 연예인이 TV에서 광고하는 제품은 없어서 팔지 못할 정도로 인기가 있었습니다. 그렇기 때문에 그들의 광고료는 시장의 원리에 따라 천정부지로 올라갔습니다. 비록 성장폭이 낮아지기는 했지만 이런 추세는 지금까지도 꾸준히 유지되고 있습니다.

그러나 사람들이 TV 광고를 믿지 않게 되면서 그 영향력이 인터넷을 활용한 후기나, SNS 등의 매체로 조금씩 이동하고 있습니다. 기업들이 블로그 체험단을 운영하거나 홈페이지를 운영하는 이유도 이와 관련이 있습니다. 가끔씩 법에서 정한 범위를 벗어나기 때문에 처벌을 받는 경우도 종종 뉴스에서 소개됩니다. 거짓으로 후기를 작성하거나 과장된 내용으로 상품을 홍보하는 것이 대표적인 예시입니다.

사람들의 의식을 변화시키기 위해 기업들이 기울이는 노력은 이루 말할 수 없을 정도로 큽니다. 사람들의 문화적 인식을 만들어내기 위해 다양한 매체를 활용하여 트렌드를 만들어내기도 하고, 사람들의 소비의식을 자극시키기 위해 일부러 고가 정책을 펼치기도 합니다. 우리는 이런 전략에 속수무책으로 당합니다.

우리가 이처럼 다른 사람들의 의도대로 움직이는 원인은 상대방의 생각을 그대로 받아들이기 때문입니다. 물론 우리는 선택을 할 때 고민을 합니다. 그러나 정말 중요한 문제에 봉착했을 때는 이 주제를 잘 알지 못한다는 이유로 판단을 유보하는 경향이 있습니다. 이 선택을 했을 때 어떤 결과가 나오는지 확실하게 알지 못하면 사람들은 불안해집니다. 마케터는 바로 이 점을 파고듭니다. 우리의 것을 선택하면 걱정이 사라지고, 행복해 질 수 있다는 것이죠.

살면서 다양한 곳에서 상담을 받아보면 처음에는 그럴 듯하게 들리지만 정확하게 따져 보았을 때 잘 이해가 되지 않는 부분이 있습니다. 이럴 때는 어떻게 해야 할까요? 답은 선택을 하거나 하지 않는 것 중 하나입니다. 현명한 사람이라면 관련 내용을 정확하게 이해한 뒤에 자신의 판단을 믿고 그 가이드라인을 따를 것입니다. 그러나 그렇지 않은 경우라면 스스로 판단을 하지 않은 상태에서 낯선 사람에게 선택권을 넘깁니다. 믿고 맡긴다는 점에는 좋긴 하겠지만 잘못되었을 경우에는 그 쪽에서 책임지지 않기 때문에 결국 나 자신의 어리석음을 탓해야 하는 상황이 발생할 가능성이 높습니다.

우리가 정보를 접하며 가장 조심해야 할 것은 이 정보를 받아들인 후 내가 할 행동이 정보를 준 사람에게 어떤 이득을 줄 것인지 생각해야 한다는 점입니다. 고민한 뒤 서로에게 이득이면 괜찮지만 어느 한 쪽이 이익을 독식하는 구조라면 그 선택지는 고르지 말아야 합니다. 이런 상황은 입시를 포함한 교육계에서도 비일비재하게 일어납니다.

결론적으로 말씀드리면 정보로 사람을 조종하는 일은 가능합니다. 그렇기 때문에 우리는 스스로 판단하는 능력을 기르기 위해 많은 노력을 기울여야 합니다. 이 중에서 가장 중요한 것은 어디까지가 자신의 생각인지 정확하게 파악하는 힘입니다. 88만원 세대라는 말을 처음 사용하며 경제학자로서의 입지를 탄탄히 다진 우석훈 교수의 인터뷰 내용에 주목해주시기 바랍니다. 우리가 꼭 알아야 할 것들에 대해 자세히 설명하고 있기 때문입니다.

"광고쟁이들이 우리 뇌에 주입한 생각들을 비워야 한다. 무엇이 원래 내 생각이었고, 무엇이 주입된 생각인지 고민했으면 좋겠다. 나의 선호, 기호, 생각들이 마케팅에 의해 주입된 기준일 수 있다. 대표적으로 샤넬 백을 사면서 투자라고 생각하게 하거나, 자동차로 자존심을 세우게 하는 판단은 모두 마케팅이 주입한 거다. 일본인들은 불황을 겪으면서 마케팅으로부터 주입된 생각을 많이 덜어냈다. 우리도 주입된 생각을 덜어내고 욕심을 내려놓는 시간이 필요하다. 그렇게 불황의 시기를 견디고 나면 우리는 한층 더 지혜로운 사람이 되어 있을 것이다."

학부모는 불안하다

매년 수능시험장에서 볼 수 있는 풍경이 있습니다. 바로 시험을 보는 자녀들을 위해 기도하는 어머니의 모습입니다. 간절한 마음으로 손을 모으고 기도하는 모습을 보면 자녀를 위해 마음을 쏟는 어머니의 마음이 얼마나 위대한지 다시 한 번 깨닫습니다. 후배들이나 친척들이 시험을 잘 보라고 응원을 하긴 하지만 어머니에 비하면 그 마음의 크기는 비교할 바가 못 됩니다.

그러나 어머니의 고생은 이날 하루만 있었던 것이 아닙니다. 처음 아이의 얼굴을 보면서 20년 동안 하루도 빠지지 않고 아이에게 관심을 기울이며 사랑을 주었습니다. 수능 시험을 보는 고등학교 3학년 시절에는 아이가 공부에 집중하는데 필요한 모든 것을 지원하려 노력합니다. 우리가 텔레비전에서 보는 어머니의 기도는 지금까지 아이에게 쏟았던 사랑을 한꺼번에 끌어내는 과정과도 같습니다.

어머니들이 이토록 수능에 목숨을 거는 이유는 무엇일까요? 이는 아마도 대학이 아이의 인생을 결정하는데 가장 큰 요소라고 생각하는 사람들의 성향이 반영되었기 때문입니다. 모든 부모는 자식이 행복해지길 바랍니다. 학부모들은 아이가 대학교를 힘들게 졸업해서 학자금 대출을 갚고 비정규직을 전전하면서 사는 것보다는 번듯한 직장에서 사람들과 행복하게 웃으며 지내는 것을 선호합니다. 저 역시도 같은 의견입니다. 만약 제 아이가 성인이 되었는데 먹을 것이 없어 쓰레기통을 뒤지며 하루하루를 버티는 모습을 보게 된다면 가슴이 미어지도록 아플 것입니다.

학부모들의 행동을 결정하는데 영향을 미치는 요인은 크게 3가지가 있습니다. 첫 번째는 뛰어난 선구자, 두 번째는 잘 정비된 제도, 세 번째는 신념입니다. 대개 어떤 일을 시작하면서 아무것도 모르는 사람이 할 수 있는 가장 첫 번째 작업은 정보를 모으는 것입니다. 이런 과정 내에서 선구자는 중요한 역할을 합니다. 그 사람이 가보지 못한 길을 이미 경험했기 때문에 참고할 것이 많기 때문입니다.

선구자를 만나 정보를 얻으면 다음에는 이를 어떤 방식으로 실천해야 할지 전략을 수립해야 합니다. 좋은 정보를 갖고만 있는다고 내 인생이 바뀌는 것은 아닙니다. 끊임없이 이를 마음에 새기고 실천하며 삶의 변화를 이끄는 것이 훨씬 바람직하지요. 이 과정에서 사람들을 움직이는 것은 신념입니다. 옆에 있는 친구를 이기고 싶다는 지극히 사적인 감정에서부터, 주변 사람들에게 도움이 될 수 있는 일을 해야겠다는 사명감에 이르기까지 신념은 사람을 움직이는 동력의 역할을 합니다.

이를 교육에 빗대어보면 뛰어난 선구자는 교육업체, 정비된 제도는 잘 짜인 공부계획표, 신념은 아이의 꿈과 비전이 될 것입니다. 그래서 학부모들은 교육 기업의 설명을 듣고 그들이 주는 계획표를 바탕으로 아이를 교육시킵니다. 가끔씩 외부단체에서 가는 캠프를 통해 아이들이 신념을 가질 수 있도록 도와주는 과정을 거치며 학부모들은 나름대로 자신이 자녀를 잘 양육하고 있다는 생각을 합니다.

그러나 자세히 살펴보면 이 구조에는 맹점이 많습니다. 먼저 선구자가 어떤 점에서 뛰어난지 검증할 수 있는 시스템이 구비되어 있지 않습니다. 또한 이상적인 제도를 만들기 위해 필요한 것을 모두 외부에 위탁하며 스스로 참여할 수 있는 여지를 줄였습니다. 자신의 계획대로 자녀를 몰아붙이는 헬리콥터맘도 이런 성향에 크게 기여했습니다. 또한 학원의 스케줄에 아이를 맞추며 그들을 공부하는 기계로 만드는 지금의 상황에서는 아이들이 신념을 갖기 어렵습니다. 굳이 찾아보자면 '시키는 대로 하면 그래도 부모님들이 좋아할 거야' 정도가 되지 않을까요?

권력을 한쪽에서만 갖고 있으면 그 집단은 쉽게 부패합니다. 권력을 견제할 수단이 없기 때문입니다. 고대 로마에서는 귀족과 인민 사이에 호민관이라는 직책이 있었습니다. 호민관은 인민을 대표하면서 귀족의 정치에 반대의견을 제시할 수 있는 권한이 있었습니다. 호민관의 힘과 귀족의 힘이 서로 맞물리며 로마는 균형을 유지했습니다. 물론 학원과 학부모의 관계나 부모자식 간의 관계가 정치적인 것으로 해석되어야 하는 것은 아니지만 자신의 의견을 이야기하며 서로의 입장을 조율할 필요가 있다는 점에서 이런 관계는 중요한 요소로 인식되어야 합니다.

그렇다면 우리는 어떤 방식을 활용해야 할까요? 먼저 주변을 탐색하며 내가 활용할 수 있는 정보에는 어떤 것이 있는지 확인해야 합니다. 그리고 이를 자신의 상황에 맞게 재구성하며 학습에 필요한 것들을 정비해 나가는 것이 좋습니다. 이 때 아이들이 자신의 꿈을 자각하고 더 열심히 할 수 있는 토대를 마련할 수 있다면 이전에 비해 큰 성과를 낼 수 있습니다.

불안심리
=
돈(?)

👤 교육은 정말 위험대비용인가?

사람들은 아프면 병원에 갑니다. 그런데 항상 큰 병원비는 부담입니다. 이 문제를 해결하기 위해 우리는 보험이라는 상품을 활용합니다. 지금 아프지 않지만 나중에 병원비를 보장받을 수 있다는 조건으로 매달 일정한 금액을 지불하는 것입니다. 들어놓으면 여러모로 활용할 수 있어 사람들의 인기도 높습니다.

사람들이 보험상품에 가입하는 이유는 미래로부터의 불안감에서 나를 지켜줄 것이라는 기대 때문입니다. 누구에게나 위험이 있기 때문에 보험상품의 종류는 다양합니다. 태아부터 시작해서 노인에 이르기까지 거의 모든 연령층이 보험에 가입할 수 있지요.

좋은 보험상품의 조건은 무엇일까요? 이는 내가 어느 입장에 서있느냐에 따라 달라질 것입니다. 만약 고객의 입장이라면 보장이 많이 되는 상품이 좋을 것이고 회사의 입장이라면 손해를 보지 않으면서도 고객에게 최대한 많은 돈을 확보해주는 상품이 좋을 것입니다.

저는 이런 점에서 보험상품을 기획하는 사람들이 천재라고 생각합니다. 먼저 이들은 회사에 손해가 가지 않는 범위 내에서 고객의 관심을 끌 수 있는 보장내역을 산출할 수 있어야 합니다. 또한 업무를 정확하게 완수하려면 지금까지 회사가 보상을 해준 사례를 수집하여 정리하고 지금까지 발생한 사고와 관련된 모든 통계자료를 분석해야 합니다. 사고에 따른 보상액을 정확하게 산정할 수 있도록 기준을 마련하려면 의학적, 법률적인 지식에도 조예가 깊어야 합니다. 만약 고객에게도 큰 혜택을 주고 기업도 이를 기반으로 살아가는 윈-윈 전략을 수립한 사람이라면 세상이 아름답겠지만 솔직히 말씀드리면 그렇지 않은 경우도 우리는 주변에서 많이 살펴볼 수 있습니다.

재미있는 사실은 이처럼 보험상품을 설계하는 과정이 교육 컨텐츠에도 그대로 적용될 수 있다는 점입니다. 교육은 보험과 마찬가지로 수혜자의 미래를 대비하기 위한 상품입니다. 둘 다 눈에 보이지 않는다는 특징을 지니기도 합니다. 그러나 보험이 일어나지 않았으면 하는 일에 대한 대비라면, 교육은 지금 내 능력을 열심히 개발하여 이를 미래사회에서 활용하기 위한 목적을 띕니다. 또한 보험상품과는 다르게 교육은 사례 마케팅을 훨씬 더 효과적으로 사용할 수 있다는 장점이 있습니다. 보험에서 언급한 사고를 일부러 내고 싶은 사람은 없지만 아이의 성공은 모든 학부모가 진심으로 원하는 바이기 때문입니다.

돈을 쓰게 만드는 가장 좋은 방법은 소비자의 심리를 자극하는 것입니다. 교육이나 보험상품에 적용되는 주요한 심리 중 하나는 공포심입니다. 이걸 지금 하지 않았을 경우 미래에 손해를 보게 된다는 심리가 작용하면 사람들은 의외로 큰 액수인데도 불구하고 돈을 지불하는데 큰 거부감을 갖지 않습니다.

특히 교육업체는 다른 곳에서 갖지 못한 강력한 수단 하나를 보유하고 있습니다. 그 수단은 바로 사람을 활용하여 소비욕구를 촉진시키는 것입니다. '옆집의 철수도 저희 꺼 하고 있어요' 라는 말 한마디면 거의 모든 문제를 해결할 수 있습니다. 정확한 미래를 보지 못하기 때문에 다른 사람들의 말에 쉽게 휘둘릴 수 밖에 없는 것이죠.

저는 이런 현상이 생기는 가장 큰 원인을 비교라고 생각합니다. 우리 아이를 다른 아이와 비교하는 그 시점부터 불행이 시작됩니다. 학부모가 아이를 위한 공부 계획을 짜기 시작하는 시점도 거의 이 시점입니다. 주로 학원이나 교육의 힘을 빌어서 문제를 해결하려고 하죠. 스스로 계획을 세워서 일을 해본 적이 없는 대부분의 학부모들이 선택하는 방법이기도 합니다.

불안감 때문에 신청하는 교육 시스템

자녀를 잘 교육시킬 체계적인 제도와 수단을 갖추지 못한 학부모는 어떻게 해야 할까요? 이런 상황에서 대부분의 사람들은 두 가지 방법 중 하나를 선택합니다. 첫 번째는 돈으로 시스템을 사는 것이고, 두 번째는 열심히 공부한 뒤 자녀에게 좋은 정보와 습관을 전해주는 것입니다.

일반적으로 생각했을 때 사람들은 첫 번째 방법이 두 번째 방법보다 더 악영향을 많이 미칠 것이라고 생각합니다. 그러나 이는 사실과 다릅니다. 제대로 된 교육철학이 없다면 이 두 가지 모두가 아이에게 좋지 않기 때문입니다. 열심히 공부하고 노력해서 이상적인 공부 시간표를 구축했다고 해도 아이에게 맞지 않으면 아무 소용이 없습니다. 그러나 대부분의 학부모들은 가장 중요한 아이의 의견은 소홀히 하는 경향이 있습니다. 머리로는 알고 있지만 실제로는 잘 되지 않는 것이죠.

잘 알지 못하는데도 이렇게 부모가 나름대로 노력하는 이유는 불안하기 때문입니다. 아이가 세상에서 잘 버티기 위해 꼭 필요한 것이 무엇일까요? 정답은 아이의 특성과 선호도에 따라 달라질 것입니다. 그러나 사람들은 일반적으로 공부를 잘하면 성공한다는 생각을 머릿속에 품고 있기 때문에 아이에게 공부를 강요합니다. 이런 상황을 잘 알고 있는 사람들은 이곳에서 기회를 만들어냅니다.

모든 사람들은 자신에게 일어나는 일이 가장 중요하다고 생각합니다. 사람들은 대개 원하는 것만 듣는 성향이 있습니다. 이런 사람들을 공략하기 위해서는 상대방이 원하는 것을 지속적으로 이야기하고 어떻게 하면 상대방이 그것을 얻을 수 있는지만 이야기하는 것이 좋습니다. 교육의 경우 '이렇게 하면 아이를 명문대에 보낼 수 있다' 라는 논리가 이에 해당합니다. '아이의 공부습관을 잡아 스스로 원하는 성적을 낼 수 있는 아이로 만들어드립니다' 도 좋은 사례가 됩니다.

이런 성향이 단적으로 드러난 예가 이명박 정부시절 이슈가 되었던 국가영어능력평가 NEAT 입니다. 사실 NEAT는 과열된 영어 사교육을 해결하기 위해 실용영어 능력을 평가한다는 긍정적인 취지에서 시작되었습니다. 이 시험의 가장 큰 특징은 컴퓨터로 시험을 치르게 된다는 것과 말하기와 쓰기를 평가하는 것의 두 가지였습니다. 컴퓨터로 시험을 보는 것은 그렇다 치더라도 영어로 말을 하고 글을 써야 한다는 것에는 모두 어안이 벙벙했습니다. 수능에 이 시험을 반영시킨다는 이야기도 매우 신빙성 있는 근거와 함께 제기되었습니다.

이런 상황에서 가장 발 빠르게 대응한 곳은 교육업계입니다. 자신의 교과과정을 들으면 NEAT를 완벽하게 대비할 수 있다며 서로 주장하고 나선 것이죠. NEAT는 기본적으로 수능과 유형이 비슷했기 때문에 읽기와 듣기 영역은 거의 변화가 없었으나 말하기와 쓰기 영역을 향상시켜준다고 주장하는 솔루션들이 이 시기에 폭발적으로 쏟아져 나왔습니다. 그들이 주장했던 내용을 요약해보면 다음의 3가지로 압축됩니다.

- 이미 나라에서 170억원이나 되는 돈을 들여 만든 시험이므로 수능에 꼭 반영될 것이다. 그러므로 당신의 자녀는 NEAT를 준비해야 한다.
- 지금부터 미리미리 준비하지 않으면 열심히 준비한 학생들과의 경쟁에서 이길 수 없다. 특히 말하기와 쓰기는 오랜 시간 훈련하며 향상시키지 않으면 나중에 어려워질 수 있다.
- 이제 외우고 읽고 듣기만 하는 영어시대는 끝났다. 실생활에 꼭 필요한 영어를 익히고 이를 활용하는 것이 중요하다. 컴퓨터로 보는 시험이기 때문에 환경이 다르므로 지금부터 준비해야 한다.

생소한 영어시험이 수능을 대체할지도 모른다는 소식을 들은 학부모들은 크게 동요했습니다. 영어로 말을 잘 하지 못하는데 어떻게 고등학교 때까지 이 조건을 만족시키냐며 항의하는 학부모도 있었고 조기유학을 보내야 하는지 고민하는 사람도 생겼습니다. 당연히 앞에서 말한 학원의 교육 솔루션에도 많은 학부모님들이 관심을 가졌고 글을 쓰기 위해 필요한 지식을 향상시키도록 돕는 영어독서 모임이 활성화되기도 했지요. 그러나 결과는 우리의 예상과 전혀 다른 방향으로 나타났습니다. 큰돈을 들여 준비했는데도 불구하고 국가에서 이 시험을 수능에 반영하지 않겠다고 공언한 탓입니다.

앞의 사례에서 보았듯이 교육에 대해 잘 모르는 상황이 발생할 경우 우리는 대개 전문가에게 아이를 위임해 버립니다. 그리고 그 과정에서는 거의 대부분 돈이 개입되어 있습니다. 불안감을 돈으로 해결하는 것이죠. 우리 아이가 얼마나 영어 능력이 향상될지는 정확하게 알지 못하지만 일단 학원을 보내거나 사교육을 시키면 아이가 노는 것보다는 훨씬 더 안심이 됩니다. 그러나 이런 식으로 교육을 위임하는 일은 바람직하지 못합니다. 그 이유는 교육을 받는 아이에게 있습니다. 누군가에게 무언가를 위임할 경우 우리는 자신의 의견보다는 위임 받은 사람의 의견을 더 많이 따라 갑니다. 그러나 아이가 이 과정에서 위임에 합의하지 않는다면 계속적으로 문제가 생길 수 밖에 없습니다.

교육정책에 따라 휘둘리는 사람들을 따라가기 보다는 정책의 변화에도 흔들리지 않고 자신이 원하는 것을 꾸준히 만들어 나가는 것이 훨씬 더 낫습니다. 교육정책은 만드는 사람에 따라 예측할 수 없고 변수가 많지만 꿈을 이루기 위해 스스로 노력하고 흔들리지 않는 신념을 지닌 사람은 자신에게만 집중하면 됩니다. 그렇기 때문에 저는 정책에 대한 불안감을 돈으로 해결하려는 자세보다는 자신을 정확하게 파악하고 이런 자신이 세상에서 어떻게 쓰일 것인지를 고민하는 것이 훨씬 더 바람직하다고 생각합니다.

어머니, 입시는
초등학교부터 시작입니다

예전에 수험생들 사이에서 유행하던 4당 5락이라는 말이 있습니다. 이 말은 4시간 자면 합격하고 5시간 자면 떨어진다는 뜻으로 잠자는 시간을 아껴가며 공부할 것을 강조하는 의도로 많이 활용되었습니다. 사실 어떤 분야든 경지에 오르려면 오랫동안 열심히 노력해야 하기 때문에 이 말은 어느 정도 일리가 있습니다. 그래도 저는 학생들이 잠을 조금만 더 잘 수 있도록 도와주면 좋겠다는 생각이 듭니다.

그런데 요즘에는 4당 3락이라는 표현이 더 자주 쓰입니다. '원하는 대학에 들어가려면 자신의 실제 학년보다 4개 학년을 앞서 공부해야 하고 3년만 앞설 경우에는 떨어진다' 는 뜻입니다. 법으로 금지되어 있는데도 불구하고 고교생을 포함하여 초등학생에 이르기까지 선행학습은 이미 하나의 트렌드로 자리잡았습니다. 앞의 말대로라면 초등학교 6학년 학생이 고등학교 1학년 과정을 배워야 한다는 의미인데 이는 아이들에게 너무 가혹한 것 같습니다.

따지고 보면 예전에는 고등학교 시절부터 열심히 노력하여 명문대에 들어갔다는 이야기가 비교적 많은 편이었습니다. 그러나 오늘날 대부분의 사람들은 이런 사례가 가능하지 않다고 말합니다. 그들의 주장을 들어보면 납득이 갑니다. 수학학원을 한 번도 다니지 않은 초등 4학년생 자녀가 선행학습을 하는 상황을 기준으로 했을 때 자녀의 성적이 중상위권 이상이면 중학교 2~3학년 과정을 배우고, 그 이하인 경우에는 중학교 1학년에서 2학년 1학기 과정을 배웁니다. 물론 중학생이 되면 이 학생은 고등학교 과정을 공부해야 합니다. 앞서 말한 4당 3락의 원리를 비교적 충실히 따르는 케이스라 할 수 있죠.

이처럼 중학교 시절에 수능에 필요한 모든 것들을 배우도록 아이를 지도하는 학부모님들은 '입시는 초등학교부터 시작'이라는 말에 크게 의문을 제기하지 않습니다. 사회탐구영역의 스타강사이자 '인문의 바다에 빠져라'라는 책으로 유명한 최진기 씨가 오마이뉴스와의 인터뷰에서 한 말은 이런 점에서 꽤 많은 것을 시사하고 있습니다. 그가 우려한 것은 상대적인 박탈감으로 인해 학업을 포기하게 될 학생들이었습니다.

> "내가 고려대 사회학과 다닐 때 정원 80명 중 강남 8학군 출신은 10명이 안 됐다. 지방 학생들이 50%가 넘었는데, 이제는 대부분이 강남 출신이다. 그럼 고려대 사회학과 들어오는 건 언제 결정되느냐고? 고3 때가 아닌 중학교 때 결정된다……(중략) 예전엔 고3 학생이 있는 가정은 식구들 모두 고생이었다. 그런데 지금은 어떤가? 고3 학생 있는 가정 7할은 대입을 거의 포기한다. 어차피 공부시켜봤자 좋은 대학 못 가니까. 부모들이 희망을 가지는 시점이 초등학교 6학년, 중학교 1학년으로 내려갔는데, 이건 정말 비참한 상황이다."

사실 우리 자녀들이 입시 전쟁을 하는 이유는 사회적 경쟁에서 루저가 되지 않기 위한 몸부림입니다. 그런데 이토록 치열하게 친구들과 경쟁을 해서 승자가 된다고 하더라도 취직이 잘 안 됩니다. 좋은 직장에 들어간다 해도 일찍 그곳에서 나와야 합니다. 자녀가 특목고에 입학하면 그 순간은 기쁘겠지만 최고의 재능을 익혀야 할 시기에 학교 독서실에서 고교 시절을 지내야 하는 왜곡된 구조 속에서는 가지고 있던 본래의 능력도 사라질 것입니다. 좋은 삶에 대해 고민하지 않고 다른 사람들이 좋다는 이유 하나만으로 아이에게 무작위로 시키는 교육은 절대 성과를 낼 수 없습니다.

학원교육에 능통하면서도 자녀를 잘 교육시킨 엄마들을 관통하는 공통적인 교육철학은 자녀들의 의사를 존중하면서도 학습 방향을 함께 설계해 나간다는 자세입니다. 특히 사교육을 선택하는데 있어서도 나름의 기준이 확고합니다. 이런 학부모들에게 자녀 교육에 대한 상담을 받는다면 아마 다음과 같은 답변을 들을 것입니다.

"학원 얘기는 반만 믿어. 선행학습은 솔직히 학원의 마케팅과 엄마의 불안감이 합쳐서 만들어낸 상품이야. 학원에서 선행하는 걸 보면, 초등학교 한 학기 수학과정을 2~3개월에 한 권씩 끝내는 거야. 기본 문제집 풀고, 심화과정과 복습전략을 조금씩 건드려주거든. 계속 다음 진도를 빼는 거야. 그러면 엄마들이 좋아하니까. 근데 아이가 초등학교 때는 그걸 모르는데, 중고등학생이 되면 초등학교 때 수학 늘 100점 맞던 애들이 성적 확 떨어지는 경우가 있어. 왜 그럴까? 어려운 문제를 많이 접해보고, 그걸 스스로 풀어보는 연습이 부족해서야. 학원을 다니다 보면, 결국 시간이 모자라고 학원 페이스대로 따라갈 수밖에 없어. 근데 소규모로 하는 심화과정을 운영하는 학원은 많지 않아. 생각해 봐. '3시간 수학학원 갔다 왔는데 문제 5개 풀고 왔다'고 하면 좋아할 엄마가 있겠어? '아이가 지금 6학년 과정을 공부하고 있다'고 해야 엄마들이 좋아하지. 결국 선택은 엄마의 몫이야. 단, 만약 학원을 보내기로 마음을 먹었으면 절대 앞뒤를 생각하면 안 돼. 학원과 엄마가 한 몸이 돼서 달려야 해. 학원을 전적으로 믿고 의지해야 해. '좋은 학원이 어딘지 추천해달라'고 하는데, 따지고 보면 안 좋은 학원 없어. 안 좋으면 살아남을 수가 없는 환경이니까. 다만 학원 스타일과 아이 스타일이 잘 맞는지 엄마가 잘 관찰해야 해. 학원을 보냈으면서 '학원 수업이 뭐 이래? 숙제는 왜 이렇게 많아? 이걸 왜 하는 거야?' 라는 식으로 엄마가 학원에 대해 조금이라도 불평이 있는 것처럼 말하거나 행동하면, 아이는 그걸 바로 눈치 채거든. 그래서 아이가 학원 수업을 느슨하게 해버려. 그러니까 학원을 잘 서치해보고, 상담도 받아보고, 아이와 잘 의논해서 아이가 스스로 '해보겠다'고 하면 보내는 게 가장 좋아."

아주 장기적인 관점에서 상식적으로 생각해보면 입시에 성공한다고 해서 인생에서의 성공이 보장되는 것은 아닙니다. 비록 성공했다고 할지라도 이런 인생이 평생 이어지는 경우도 없죠. 그렇다면 우리는 어떻게 살아야 할까요? 저는 초등학교부터 입시가 시작된다는 말을 아이와 공유하며 그들을 생각 없는 기계로 만드는 것보다는 끊임없는 논의를 통해 올바른 교육을 고민하고 이 혜택을 아이들에게 돌려주는 것이 훨씬 더 바람직하다고 생각합니다.

우리는 세상의 논리를 정하는 기준이 어디에서 나오는가를 진지하게 고민해야 합니다. 다른 사람들이 만들어놓은 기준은 나와는 맞지 않습니다. 모든 사람들에게 공평 타당한 법칙은 없기 때문입니다. 보편적인 기준에 나를 맞추면 불행해집니다. 보편적이라는 특성은 개인의 성향을 반영하지 않습니다. 그렇기 때문에 저는 보편적인 기준들이 산재해있는 주변에서 나만의 고유성을 찾아나가는 방식이 훨씬 더 바람직한 일이라고 생각합니다.

미국 하버드 의대 연구원이자 계량과학자인 새뮤얼 아브스만은 특정 분야의 지식 가운데 절반이 틀린 것으로 확인되기까지 걸리는 시간을 조사했습니다. 분야별로 그 수치는 조금씩 차이를 보였습니다. 조사 결과 역사학은 7.13년, 심리학은 7.15년, 종교학은 8.76년, 수학은 9.17년, 경제학은 9.38년으로 나타났습니다. 평균적으로 따져보면 대부분의 지식은 7~8년 정도면 그 효용성이 절반 이상으로 떨어졌습니다.

이 사실은 우리에게 새로운 지식을 꾸준히 익히는 일이 얼마나 중요한지를 강조합니다. 사실 세상은 우리가 알아차리지 못할 정도로 빠르게 변하고 있습니다. 이전에 배운 지식으로 살아남을 수 없는 시대가 오래 전에 왔는데도 불구하고 이전에 공부했던 내용만을 10년이고 20년이고 활용하는 사람들이 우리 주변에는 많습니다. 이 사람들이 말하는 논리는 어릴 때 배운 것이 평생 간다는 것입니다. 그래서 어린 시절에 많이 공부한 뒤 성인이 되면 공부를 하지 않아야 한다고 생각합니다. 만약 부모가 이런 마인드를 갖고 있다면 아이들에게 어린시절부터 공부를 많이 하라고 압박할 것입니다.

그러나 이는 전문가의 의견과 많이 다릅니다. 단순히 공부하는 시간만 길다고 해서 효과가 좋은 것은 아닙니다. 또한 무비판적으로 받아들이는 지식은 전혀 삶에 도움이 되지 않지요. 조기교육의 선구자이자 저능아였던 자신의 아들을 열세 살에 철학박사 학위를 받는 수재로 길러낸 칼 비테는 시간과 공부의 상관관계를 다음과 같이 이야기합니다.

"많은 부모들이 공부하는 시간이 길수록 남들보다 더 많이 배울 수 있다고 생각합니다. 하지만 중요한 건 얼마나 이해하고 있느냐 입니다. 학습효과가 아무리 뛰어나더라도 아이의 연령을 고려하지 않은 학습시간은 오히려 스트레스만 줄뿐입니다. 학습의 효과가 낮다는 건 곧 노력을 소홀히 하고 있다는 뜻이에요. 시간을 효과적으로 분배할 줄 모르는 사람은 아무리 많은 시간이 주어져도 원하는 목표에 도달하기 어려워요."

우리가 작은 의미에서 공부를 파악한다면 입시는 초등학교부터 시작하는 것이 맞습니다. 그러나 입시가 아이에게 얼마만큼 큰 의미인지 다시 한 번 생각해보았으면 합니다. 아이가 자신의 먼 미래를 바라보면서 어린 시절부터 자신의 즐거움을 희생하며 나중에 그 목표를 달성하면 행복해질까요? 결국 모든 부모의 소망은 자녀를 행복하게 키우는 일로 귀결됩니다. 물론 행복의 기준은 다양합니다. 돈이 될 수도 있고 사회적인 지위가 될 수도 있지요. 이는 부모님마다 조금씩 의견의 차이가 있을 것입니다.

그러나 우리가 다른 관점에서 인생을 바라본다면 꼭 초등학교 시절부터 이렇게 힘들게 공부해야 할까 하는 생각도 듭니다. 입시가 우리의 모든 인생을 결정할 수는 없습니다. 그 사람이 어떤 경험을 했는지 그리고 어떤 관점으로 인생을 살아갈 것인지가 훨씬 더 중요합니다. 우리가 기피하는 3D 업종에 종사하면서도 이를 부끄러운 일이라고 생각하지 않는 서양에 비교해보면 우리나라 사람들은 아직 갈 길이 멉니다. 단순히 입시만을 바라보는 것보다는 아이가 어떤 것에 관심이 있는지 그리고 이를 어떤 방식으로 실현해야 할 것인지를 고민하는 것이 훨씬 더 생산적인 일이 될 것입니다.

영어 레벨테스트,
믿어도 될까?

영어 레벨테스트, 얼마나 신뢰해야 하는가?

영어교재를 개발하고 있다는 제 이력 때문인지 사람들은 제게 외국어 실력을 향상시킬 수 있는 비법을 많이 물어보는 편입니다. '우리 아이가 지금 ~', '어느 엄마의 딸은 여차저차해서 실력을 키웠다는데 그럼 ~' 등등의 멘트를 시작으로 저는 그 분들과 대화를 꽤 오랫동안 합니다. 아마 이 분들은 어릴 때부터 아이를 어떻게 키워야 할지 고민을 많이 했을 것입니다.

그런데 사실 이렇게 대화를 나누다 보면 거의 대부분의 학부모들이 아이에게 거는 기대가 큰 편입니다. '우리 아이는 커서 ~가 되야만 해'라는 생각이 머릿속에 자리잡는 순간부터 학부모는 사교육의 늪에 빠질 수밖에 없습니다. 주변의 아이들보다 뒤쳐지는 일은 생기면 안 됩니다. 전체적으로 10~20년을 기준으로 하는 그림을 그려야 하는데도 순간의 집착에 빠져 큰 흐름을 잃는 것이죠. 숨겨진 가치를 보고 한 기업에 오랫동안 투자하는 워렌 버핏과 주가가 조금이라도 변하면 보유한 주식을 팔아치우는 데이 트레이더와의 관계가 이와 비슷할 것 같습니다.

특히 이런 현상은 외국어를 가르치는 어학원에서 많이 나타납니다. 학부모님들이 가장 중요하게 생각하고 있는 부분이지만 어떻게 공부해야 할지 잘 모르기 때문입니다. 대개 아이를 데리고 학원에서 레벨테스트를 보면 십중팔구 상담 선생님들은 이렇게 말합니다.

'어머니, 왜 이렇게 아이를 오랫동안 방치하셨나요?'

학원에서는 그 근거로 레벨테스트 시험의 결과표를 보여줍니다. 가장 먼저 눈에 띄는 건 다양한 그래프, 학습관련 지표 그리고 성적입니다. 대개 이 때 보이는 성적은 매우 나쁩니다. 결과표를 받아 든 학부모의 손이 떨립니다. '우리 아이가 영어를 이렇게 못했나?' 라는 자괴감은 덤입니다. 학부모는 시험을 친 학원의 상담선생님이 하는 말에 귀를 쫑긋 세웁니다. 아이가 영어 때문에 손해를 보면 안 된다는 생각에 엄마는 결국 그 학원에 아이를 등록시킵니다. 영어에 관한 문제는 이제 좀 안심을 해도 된다는 안도감이 생깁니다.

사실 학원의 이런 영업방식은 어제 오늘 일이 아닙니다. 대개 학원에서는 학생을 끌어들이는 가장 좋은 방법으로 레벨테스트를 활용합니다. 그리고 시험을 친 학생이 결과지를 받은 이후에 학부모를 설득하는데 총력을 기울입니다. 이 때 이들이 사용하는 가장 큰 전략은 앞서 언급한 '공포심' 을 활용하는 것입니다. 이렇게 공부를 못하는데 열심히 다니면서 기초를 닦아야 되지 않겠느냐는 논리죠. 성적이 낮게 나오기도 했을뿐더러 영어를 어떻게 하면 잘 하는지 모르기 때문에 대부분의 학부모는 이 전략에 넘어갑니다. 슬프게도 공부전략을 알지 못하는 학부모는 철저히 을의 입장에 설 수 밖에 없는 것이죠. 그럼 어떻게 해야 이성적으로 잘 판단할 수 있을까요?

자세히 들여다보면 학원의 레벨테스트는 허점이 많습니다. 만약 우리가 그 부분을 정확하게 파악한 뒤 테스트의 장단을 스스로 짚어낼 수 있게 된다면, 그들의 말에 휘둘리지 않고 주도적인 자세로 학습방안을 선택할 수 있을 것입니다. 더 이상 다른 사람들의 말에 휘둘리지 말고 자신의 주관을 가지시기 바랍니다. 그러려면 일단 먼저 내가 선택해야 될 부분의 허와 실을 정확하게 알고 있어야 합니다.

사실 외국어를 배우는 아이들에게 가장 중요한 것은 기본 바탕을 쌓는 일입니다. 책을 통해 다양한 문장패턴을 접하고 배경지식을 익히며 꾸준히 외국어를 연습할 수 있는 환경을 만들어주어야 하는 것이죠. 그런데 이 시기에 영어 시험을 보면 그다지 높은 성적이 나오지 않기 때문에 학원은 이를 교묘하게 활용합니다. 그래서 제대로 된 길을 가고 있다가도 다른 사람의 말에 혹해 잘못된 방식을 선택하기도 하죠.

학원이 이렇게 할 수 있는 이유는 '학원에서 실시하는 레벨테스트가 문법, 독해중심이며 상당히 어렵기 때문' 입니다. 같은 나이의 원어민이 알지도 못하는 단어를 수록했기 때문에 성적이 당연히 낮게 나올 수 밖에 없죠. 실제 초등학생들이 사용하는 수업교재의 단어를 살펴보면 '전염병(contagion), 항생제(antibiotic), 성별이 없는(asexual), 악의(virulence)' 등 상당히 난이도가 높습니다. 이를 살펴본 방송인 샘 해밍턴은 뉴스 인터뷰를 통해 다음과 같은 말을 남겼습니다.

"이 책들이 회화랑 대화하는데 큰 도움이 될지 안 될지도 모르겠어요. 사촌동생들이 초등학생인데 이 정도 보지도 못해요."

영어를 익히려는 아이들에게 가장 필요한 것은 많이 듣고 영어에 익숙해지도록 하는 자유로운 환경입니다. 그러나 문제는 따로 있습니다. 외국어를 잘 구사하기 위해 시간이 필요하다는 점입니다. 특히 영어를 잘하기 위해서는 영어원서를 낭독하며 문장패턴과 배경지식을 익히고 이를 꾸준히 연습할 수 있는 환경을 만들어주어야 하는데 대부분의 가정에서는 이렇게 하지 못합니다. 성과가 나오는데 시간이 오래 걸릴뿐더러 잘 가고 있다는 확신을 갖기도 어려운 환경이기 때문입니다.

저는 그래서 학부모님들과 상담할 때마다 외국어를 가르치려는 이유와 목적을 다시 한 번 생각해보라고 권합니다. 외국어를 공부할 때 가장 중요한 것은 목표를 설정하고 이를 이루기 위해 세운 세부 계획을 하나하나 달성하며 아이와 이 과정을 오롯이 즐기는 일입니다. 돈을 많이 들여 학원을 보낸다고 아이가 공부를 잘하는 것은 아닙니다. 오히려 아이들과 어울리며 그들의 시선으로 세상을 바라보고 즐거운 일을 할 수 있도록 도와주는 게 부모의 가장 큰 역할입니다.

수능영어는 도움이 되는가?

티비나 인터넷에서 외국어 영역 강의를 하는 선생님들은 영어 전문가입니다. 그들의 문제 해법을 보면 눈이 휘둥그레집니다. 어떻게 저런 해결책이 나올 수 있는지 신기해하지만 정작 학생들은 실력이 부족하기 때문에 강사들을 선망의 대상으로 여깁니다. 수업을 듣는 학생들은 언젠간 나도 저들처럼 될 수 있다는 생각을 마음 속에 품습니다.

그런데 사실 수능은 요령이 어느 정도 먹히는 시험입니다. 수능뿐만 아니라 한국에서 실시하는 다른 시험, 즉 토익, 텝스 등의 시험도 마찬가지로 모두 나름대로의 요령이 있지요. 그러나 그 이유를 알고 있는 사람이 드물기 때문에 영어 실력이 좋은 사람들은 이를 요령과 핵심전략으로 포장하여 금전적 이득을 취하는데 활용합니다.

이처럼 요령이 우리에게 먹히는 이유를 찾아보려면 먼저 문제 출제자의 의도와 방식을 이해할 필요가 있습니다. 일반적으로 어학원에서 영어 문제집을 만드는 방식은 '영어지문 작성(원어민) – 지문 검수 및 문제제작(한국인) – 문제번역, 핵심단어 정리(한국인) – 최종검수(한국인, 원어민) – 출간' 입니다. 우리가 생각할 수 있는 일반적인 과정이지만 이런 작업이 정확하게 이루어지려면 각자의 역할이 아주 상세하게 나누어져 있지 않으면 안 됩니다.

문제는 여기서부터 시작됩니다. 영어 전문가들이 이를 정확하게 알고 있기 때문이죠. 원어민이 글을 쓸 때를 예로 들어보도록 하겠습니다. 대개 출판사는 자사의 기준에 부합하는 교재를 만들어야 하기 때문에, 개발팀의 관리자는 원어민에게 매우 까다로운 기준을 적용합니다. 글의 길이, 사용하는 단어의 수준, 글의 종류에 따라 답을 도출하는 방식, 한 문장 안에 단어는 몇 개까지 들어갈 수 있는지 등 그 기준은 다양한데 만약 외부의 학습자가 이 기준을 알고 있게 될 경우 문제 분석은 훨씬 쉬워집니다.

그런데 한국에서 실시하는 모의고사나 기타 수치로 산출되는 시험의 경우 오랫동안 비슷한 형식으로 출제되었기 때문에 많은 사람들이 이미 유형과 정답의 구조를 꿰뚫고 있습니다. '주제를 찾는 문제의 경우 첫 문장이나 마지막 문장을 읽으면 70% 이상 답을 찾을 수 있다' 라는 요령 아닌 요령은 이런 식으로 찾은 것이죠.

학생들이 이런 교육을 받게 된다면 성적이 높게 나올 수는 있겠지만 이게 모든 자물쇠를 여는 만능 키가 되는 것은 아닙니다. 학생들의 자율성을 빼앗고 생각하는 힘을 약화시키기 때문입니다. 학생들은 나무보다는 숲을 보고 전체를 기획할 수 있는 능력을 갖추어야 합니다. 서구 문화권에서 거주하고 있는 학생들에게는 이런 능력이 있지만 동양의 학생들에게는 아직 이런 방식이 낯설기만 합니다. 영어에 있어서도 마찬가지입니다. 읽기, 말하기, 듣기, 쓰기의 4가지 영역이 균형 잡힌 상태에서 향상된 실력이라야만 학생에게 쓸모가 있습니다. 그런 점에서 수능영어는 아직까지 학생들에게 큰 도움이 되지 못하고 있습니다. 더 좋은 시험 방식을 통해 학생들이 실제 필요한 지식을 익힐 수 있는 시대가 오길 간절히 기원합니다.

돼지엄마와 유명강사의
화려한 외출

일반적으로 학부모님들은 자녀를 좋은 학교에 보내기 위해 많이 공부해야 한다고 생각합니다. 실제로 이 말은 일리가 있습니다. 책을 통해 지속적으로 강조한 바와 같이 한국에 있는 대학에 들어가기 위한 전형이 천 개를 넘어가고, 학생의 성향에 따라 지원할 수 있는 분야 및 영역이 판이하게 다르기 때문입니다. 그렇기 때문에 수능이 끝난 이후 대학교 입시설명회는 항상 만원입니다.

이런 가운데 자신의 능력과 주변의 정보를 이용해 유리한 고지를 선점하는 사람들이 생겨나기 시작했습니다. 소위 말하는 돼지엄마가 그 주인공입니다. 돼지엄마는 학원가에서 주로 사용되는 말로 강사나 학원 등을 좌지우지하는 학원생들의 대표 엄마를 의미합니다. 새끼돼지를 이리저리 끌고 다니는 모습과 비슷하다고 하여 생긴 별명이죠. 기본적으로 돼지엄마는 입시에 대한 정보력이 있고 자녀의 성적도 좋은 편입니다. 또한 어느 학원의 강사가 잘 가르치고 관리를 잘 하는지 까지 줄줄이 꿰고 있습니다. 그렇기 때문에 학부모들 대부분은 돼지엄마의 한마디로 아이의 학원과 담당 선생님을 결정합니다.

이런 현상은 학원과 강사들에게는 그다지 좋지 않습니다. 그 이유는 이들의 운명이 돼지엄마의 한 마디에 좌지우지 될 수 있기 때문입니다. 심지어 권력이 있는 돼지엄마의 경우에는 강사들의 몸값을 직접 책정하기도 합니다. 이들이 나타난 시기는 2000년대 후반, 주로 활동하는 지역은 서울 강남과 목동 일대입니다.

이런 돼지엄마들은 학원의 입장에서는 최고의 영입대상입니다. 이른바 돼지엄마 상담실장입니다. 돼지엄마 상담실장들은 본인의 인맥을 활용해 학생을 유치할 수 있을 뿐더러 수요자인 학부모의 고민을 잘 알아 상담에 능하다는 이점이 있기 때문에 원장들의 선호도가 높습니다. 돼지엄마의 입장에서는 자신의 노하우를 다른 사람들에게 전달함과 동시에 학원으로부터 고정적인 수입이 생기기 때문에 돼지엄마 상담실장의 수는 지속적으로 증가하고 있는 추세입니다.

그렇다면 이들이 사교육에 미친 영향은 무엇일까요? 먼저 긍정적인 영향으로 제가 가장 먼저 이야기하고 싶은 것은 돼지엄마가 아이들에게 '좋은 사교육을 선택할 수 있는 기반을 마련해주었다' 는 점입니다. 자신이 열심히 구축한 정보를 바탕으로 학생을 밀착관리 할 수 있다는 것도 장점 중 하나로 꼽을 만 합니다.

그러나 성적에 따라 아이의 가치를 차별적으로 인식하도록 만들었다는 점, 강사와 짜고 학생들을 모집하는데 자신의 권력을 이용하는 점 등 그 부작용도 만만치 않습니다. 상담실장으로 활동하면서 강사의 데이터를 기반으로 자신이 세운 학원에 필요한 강사를 영입하는데 활용하거나, 자신에게 밉보인 학원에 대한 안 좋은 소문을 퍼트려 학생들의 발길을 고의적으로 끊도록 만드는 등 바람직하지 못한 일들도 가끔 일어납니다.

돼지엄마는 사실 좋은 학교에 자녀를 보내고 싶다는 학부모의 요구가 반영되어 나타난 형태입니다. 자녀를 교육시킬 충분한 돈이 있고, 이를 바탕으로 자녀에게 이상적인 스케줄을 짤 수 있다면 그 친구는 아마 양질의 교육을 받을 수 있을 것 입니다. 평균적으로 볼 때 부모의 경제력이 다른 부모들보다 우수하면 아이들이 받는 교육의 질은 대개 올라갑니다. 그렇기 때문에 이런 조건을 제공해주지 못하는 부모가 느끼는 상실감은 꽤 큰 편입니다.

돼지엄마가 무조건 옳은 것은 아니지만 그들의 노력을 무시해서도 안 됩니다. 사랑하는 가족을 위해 희생하고 공부하며 이룬 결과이기 때문입니다. 자녀를 성공시키고자 하는 열망을 우리는 본받아야 할 필요가 있습니다. 물론 이런 열망이 비뚤어진 방향으로 표출되면 안 됩니다. 허나 더 안타까운 것은 이런 열망조차도 없는 무기력한 사람들입니다. 특히 공부를 할 때에 있어서 우리는 급변하는 외부 환경에 비해 매우 여유롭고 느슨합니다. 이런 자세는 지양해야 할 것입니다.

교육의 축이
바뀌고 있다

기득권을 유지하기 위한 가장 좋은 방법은 무엇일까요? '철학콘서트'로 유명한 인문학자 황광우는 이에 대한 답을 다음과 같이 말하고 있습니다.

"사람들의 의식을 잠재우는 방법은 간단하다. 가르치지 않는 것이다. 생각하지 못하는 바보로 만들어 내가 왜 지배를 받고 있는지, 이것이 왜 부당한 것인지에 대해 아예 생각을 못하도록 만드는 것이다. 그저 나는 이렇게 태어났으니 이렇게 사는 수밖에 없구나 하며 운명과 시절만을 탓하게 만들면, 저항은 생겨나지 않는다 ……(중략) 컴퓨터가 고장 났을 때, 전체 메커니즘을 모르고서는 수리할 수 없듯, 삶을 개선하는 일은 세상의 논리와 움직임을 알아야만 가능하다."

이 말에는 모순이 있습니다. 우리가 학교에서 교육을 받고 있기 때문이죠. 그런데 따지고 보면 이 말이 완전히 틀린 것은 아닙니다. 교육을 받고는 있지만 스스로 생각하며 자신의 미래를 개척하는 사람들의 수는 매우 적기 때문입니다. 이상적인 교육의 목적은 스스로 생각하는 인간을 만들어내는 것이지만 현 상황에서 교육의 목적은 말을 잘 듣는 사람들을 양성하는 것으로 변질된 지 오래입니다.

이런 상황에서 기존에 제시된 교육이 가진 문제의 틀을 조금씩 깨보려는 노력들이 다양하게 진행되고 있다는 점은 매우 고무적입니다. 요즘 한창 이슈가 되고 있는 개방형 온라인 교육인 MOOC(Massive Open Online Course)가 바로 그 예이지요. 칸 아카데미라는 무료 교육 시스템에서 시작된 이 수업방식은 조금씩 확산되어 지금은 학교와 기업 규모의 수준으로까지 발전했습니다. 학점을 취득할 수도 있고, 소정의 금액을 내면 학위도 받을 수 있지요. 이런 대표적인 교육플랫폼으로는 코세라(Coursera), 유대시티(Udacity), 이디엑스(edX)를 꼽을 수 있습니다. 이 세 스타트업은 수많은 MOOC 플랫폼 중에서도 자신들의 확고한 브랜드 정체성을 가지고 성공적으로 비즈니스를 확장시킨 모델로 평가 받습니다.

현 코세라의 대표이자 전 예일대 총장을 지낸 리처드 레빈은 다음과 같은 말로 당면한 교육의 문제점을 진단했습니다.

"현재 전통 교육의 가장 큰 문제는 대학에서 가르치는 지식과 능력이 노동시장에서 원하는 기술과 일치하지 않는다는 점이다. 교육이야말로 사회적 이동을 가능하게 해주는 최적의 방법이지만 문제는 경제는 역동적으로 변하는 반면 기술 교육은 그렇지 않다는 것이다."

이 말의 핵심은 '교육은 공평하면서도 학습자가 유용하게 활용할 수 있는 지식을 제공해야 한다'입니다. 사실 교육의 가장 큰 목적은 사람들에게 균등한 기회를 부여하는 것입니다. 그러나 우리가 인터넷으로 보는 교육소식은 전혀 다릅니다. 돈이 많은 사람이 그렇지 않은 사람을 자연스럽게 압도할 수 있는 구조이기 때문입니다. 그런 점에서는 비교적 공평하게 기회를 제공하는 개방형 온라인 교육이 하나의 작은 희망이 될 수 있습니다.

물론 개방형 온라인 교육이라고 해서 무조건 좋은 것만은 아닙니다. 온라인으로 강좌를 들을 수 있다는 사실은 최대의 장점이자 단점이기도 합니다. 많은 사람들이 접근할 수 있는 플랫폼이긴 하지만 토론과 발표를 기반으로 하는 참여형 수업의 경우 아직까지 취약점이 많기 때문입니다. 만약 다중 화상 시스템이 구축되면 조금 더 나은 교육을 받을 수 있겠지만 아직까지 모든 곳의 인터넷 환경이 좋은 것은 아니기 때문에 이 문제는 시간을 갖고 조금씩 해결해야 할 것입니다.

교육 전문가들은 '제대로 된 교육이라면 다양한 관점을 제공할 수 있어야 한다'라고 말합니다. 다른 점을 이해하는 일은 매우 중요합니다. 예를 들어 대만의 경우 기온이 영상 10도 이하로 떨어지면 노인이나 노숙자들이 얼어 죽습니다. 그 이유는 간단합니다. 겨울철 습도가 높고 실내 난방설비가 잘 갖춰져 있지 않기 때문입니다. 항상 날씨가 덥거나 따뜻하기 때문에 추위에 극단적으로 약해져 있는 것이죠. 우리는 '각자 경험한 것이 다르기 때문에 마음 속에 있는 것도 모두 다르다'는 사실을 인정해야 합니다. 어떤 사물을 보고 누군가는 발명품을 떠올리지만 누군가는 시상을 떠올립니다. 이런 다양한 의견이 사람을 사랑한다는 공통점을 가질 때 이는 사회를 발전시키는 원동력이 됩니다. 그렇지 않고 자신의 눈으로만 세상을 바라본다면 그 사람은 머지않아 고립될 것입니다.

앞으로 교육의 방식은 어떻게 변할까요? 지금까지 해왔던 것처럼 기록된 지식을 정확히 암기해내는 능력이 중요할까요? 아니면 사고하는 능력이 중요할까요? 대학교의 수업방식은 바뀔까요? 우리는 얼마나 오래 공부를 해야 하는 것일까요? 이런 질문에는 교육 전문가들도 대답하기 어려울 것입니다. 모두 각자의 이해관계가 있기 때문이죠. 중요한 것은 이런 질문을 자신의 나름대로 풀어가는 능력입니다. 교육이 어떻게 되었건 스스로 배우고자 하는 바를 확고히 하고 이를 인생에서 어떻게 녹여낼지를 고민하는 것이 훨씬 생산적입니다.

한국 학생들의 대부분은 성인이 되면 돈을 많이 벌고 싶어합니다. 예전에는 그 기준이 10억이었지만, 지금은 규모가 더 커졌습니다. 그런데 목표한 돈을 벌기 위해 그들은 무엇을 해야 할까요? 세부적인 실행계획이 있으면 다행이지만 일반적으로 이런 계획을 세우는 사람은 많지 않습니다. 거의 대박을 꿈꾸죠. 생각하는 힘이 죽어버린 슬픈 현실입니다. 이런 문제는 치열한 공부와 교육으로 해결할 수 밖에 없습니다.

그런 점에서 저는 교육 시스템의 틀에 대한 근본적인 물음을 제기한 개방형 온라인 교육이 큰 의미가 있다고 생각합니다. 학생 스스로 무언가를 선택할 수 있게 되었다는 것은 혁명적인 일입니다. 기회를 공평하게 갖는다는 측면에서도 그렇습니다. 개방형 온라인 교육이 활성화 된 미국은 이미 교육을 받기 어려운 지방의 아이들이나 해외의 학생들에게 서비스를 제공하고 있습니다. 매우 바람직한 현상입니다.

교육은 우리가 인간답게 살아가는데 필요한 모든 것을 배우는 과정입니다. 새 술은 새 부대에 담으라는 말이 있습니다. 그렇다면 새로운 교육을 담을 새 부대에 해당하는 것은 무엇일까요? 저는 그 답으로 '새로운 방식과 기술(특히 온라인과 연관된)'을 이야기하고 싶습니다. 지금까지의 교육방식을 이해하고 새로운 것을 받아들이며 세상에 적응하는 과정은 어떤 형식이든 그 자체로 의미 있는 일이 아닐 수 없습니다.

우리는 변하고 있는 현실의 교육에 눈을 떼지 않고 이를 자신의 상황에 맞게 적용하려는 훈련을 지속적으로 실시해야 합니다. 이런 상황에서는 특정 학교의 학위가 그다지 중요하지 않게 될 것입니다. 자신이 배우고 싶은 것을 공부하는데 특정 집단에서 짜놓은 과정을 모두 배울 필요가 없기 때문입니다. 사실 한국의 학교에서는 이와 같은 새로운 지식과 기술을 받아들이는데 보수적인 편입니다. 하지만 정말 정부관료와 교사가 학생들을 바꾸길 원한다면 시대에 맞는 새로운 교육 방식을 심도 있게 고민해야 합니다. 그렇지 않으면 다른 사람의 생각을 자신의 것인 양 말하는 학생들이 늘어날 것입니다.

아는 것이
힘이다

미국의 사회학자 찰스 라이트 밀스는 '파워엘리트'라는 책에서 특정 계층이 미국 사회를 조종하고 있다고 주장합니다. 먼저 경제의 정점에서는 회사의 소유주 또는 최고 경영자가 있습니다. 회사의 발전과정에서 얻은 자신의 사유재산을 바탕으로 모든 권력과 특권을 행사하는 사회의 부호가 된 것이죠.

군사적 질서의 정점에는 통합참모본부와 상층 군부의 주변에 몰려있는 군인 정치가 엘리트들이 있습니다. 마지막으로 미국의 정치제도가 중앙집권화되고 의제 채택과 그 결정의 중심이 의회에서 행정부로 이행하는 가운데 미국 정부의 결정이 대통령제 아래의 행정부를 정점으로 하는 50명 안팎의 정치 간부들의 손에 의해 결정됩니다. 그는 이런 엘리트들이 미국사회를 조정하고 있으며 견제 받지 않기 때문에 내부적으로 조금씩 부패가 진행되고 있다는 주장을 펼쳤습니다.

이는 밀스 혼자의 이론이기 때문에 미국사회 내에서 많은 비판을 받았습니다. 이론과 실증에 있어서도 완성된 연구가 아니라는 의견이 여러 차례 제시되기도 했죠. 그럼에도 불구하고 제가 이 사례를 굳이 글의 서두에 소개한 이유는 한국 교육계에도 이 같은 파워엘리트 계층이 있기 때문입니다. 그들은 바로 교육업계에 종사하는 사람들입니다.

상식적으로 생각해보아도 공교육은 사교육을 절대 이길 수 없습니다. 실제로 인터넷에서 학생들에게 인기 있는 스타 강사의 경우 자신의 사비를 들여 조직적으로 팀을 운영합니다. 대개 이 경우 팀은 교재편집자 2명,

강의보조자 2명, 교재연구팀 2명으로 구성됩니다. 반면 학교 교사는 이런 지원을 기대할 수 없습니다. 혼자 연구하고, 아이들을 돌보며, 산더미처럼 쌓인 공문서도 처리해야 합니다. 강의의 수준이 질적으로 달라질 수밖에 없습니다. 이는 능력의 차이라기보다는 시스템으로 인해 생기는 어쩔 수 없는 상황입니다.

슬프지만 사람들 대부분은 매스 미디어를 통해 받은 인상을 근거로 의견을 단순하게 수용하기만 합니다. 개인의 빠르고 현명한 피드백은 지금 상황에서는 해결해야 할 과제로 남아있습니다. 의견이 있다 해도 다수의 반대에 막혀버리기 때문에 이를 실천하려 해도 어려움이 많지요. 지금은 그렇지 않다고 생각하지만 앞으로 시간이 지나다 보면 권력 엘리트들에게 지식을 제공할 의무가 있는 지식인들이 그들의 대변인 역할밖에는 하지 않는 슬픈 상황이 발생할 수도 있습니다.

저는 이런 상황에서 중요한 것이 '상대방의 경험을 훔치는 일'이라고 생각합니다. 음악을 하는 사람들이 전문가의 영역에 도달하기 위해 실시하는 것은 곡을 듣고 이를 자신의 능력을 다하여 똑같이 표현하는 카피입니다. 카피를 잘하려면 사물의 전반적인 구조를 정확하게 분석하는 능력이 필요합니다. 입시의 경우라면 입시 전문가들이 발표를 할 때 필요한 자료를 어떻게 만들어내는지, 아이의 성향에 따라 상담은 어떻게 해야 하는지 등을 연구하는 것도 좋은 접근법이 될 것입니다. 이를 역추적하는 과정 속에서 의외의 성과를 얻어낼 수도 있기 때문입니다.

지금 한국의 상황을 교육에 비교하자면 만년 전교 꼴찌가 열심히 노력하여 전교 10위권 안으로 진입한 사례라고 할 수 있습니다. 그러나 전교 꼴찌가 이보다 더 높은 위치에 올라가려면 이전에 했던 방식만으로는 목적을 달성하기 어려워집니다. 공부의 구조를 생각하고 어떻게 하면 내가 더 효율적으로 원하는 결과를 낼 수 있을지를 고민해야 한다는 뜻입니다. 한국에 살고 있는 대다수의 학부모는 지금 빠른 속도로 전교 10등의 자리를 꿰찬 학생과 같은 마인드를 갖고 있습니다. 다른 사람들이 하는 대로 따라하면 우리아이도 좋은 성적을 낼 수 있다고 생각하는 것이죠. 솔직히 말씀드리자면 그런 시대는 이미 지나갔습니다. 자신만의 방법과 아이디어가 세상을 바꾸는 혁신의 시대에 우리가 살고 있기 때문입니다.

그렇다면 변화를 이끌어 내려면 어떻게 해야 할까요? 저는 그 방법의 하나로 장자 천도편의 한 사례를 제시하고 싶습니다. 제나라의 환공과 바퀴를 깎는 노인인 윤편의 이야기입니다. 진리가 무엇인지, 그리고 우리가 어떻게 살아야 할지를 제시한 윤편의 기지가 돋보이는 작품입니다.

제환공이 책을 읽고 있는데 오지랖 넓은 윤편이 왕에게 "책에는 무엇이 쓰여 있습니까?"라고 묻는다. 이에 왕은 "성인의 말씀이 쓰여 있다"고 답한다. 대개는 여기서 대화가 끝날 텐데 윤편은 "성인들이 살아 있습니까?"라며 질문을 이어간다. 왕이 "죽었다" 하니 윤편은 "왕께서 읽고 있는 책은 성인들이 남긴 찌꺼기입니다"라고 답한다. 목이 몇 개라도 죽음을 피할 수 없는 무례한 답이다. 그러나 제환공은 패권을 쥔 사람의 도량에 걸맞게 화를 참아낸 뒤 그에게 설명할 기회를 준다.

이에 윤편은 "저는 수레바퀴를 깎는 일만 평생 해왔습니다. 조금 느슨하게 깎으면 축이 헐렁헐렁해져 못쓰게 되고 조금 뻑뻑하면 축이 안 들어가 못쓰게 됩니다. 적당히 제대로 깎는 일은 말로 설명할 수 없는 기술입니다. 오로지 손의 능력일 뿐이지요. 그래서 아들에게도 수레바퀴 깎는 기술을 전수하지 못해 오죽하면 이 나이가 되도록 수레바퀴를 깎고 있습니다"라고 답한다.

이 이야기가 우리에게 주는 교훈은 진리는 책으로 익힐 수 있는 것이 아니라는 점입니다. 우리는 책이나 깨달음을 통해 무언가를 배우면 이를 끊임없이 실천해야 합니다. 실천하다보면 삶을 관통하는 하나의 원리가 우리 눈 앞에 나타납니다. 이는 모든 영역에 동일하게 적용됩니다. 입시를 공부하다가 트일 수도 있고, 열심히 빵을 굽다가 깨달을 수도 있지요. 삶을 깊이 생각하고 이에 대한 고민을 해결하는 과정이 진정한 공부이고 이런 원리를 통해 자신과 주변을 바꾸는 힘을 이끌어 낼 수 있습니다. 단순히 시험성적 몇 점 올리고 원하는 대학에 들어가겠다는 생각은 사실 이에 비하면 아주 작은 것들이지요.

새로운 기회는
의식의 전환으로부터 온다

🧑 어떤 것이 의식의 전환인가?

10억을 주는 이벤트가 있다고 가정해봅시다. 주최측이 10억의 상금을 걸면서 참가자에게 요구한 것은 단 한 가지였습니다. 내가 10억을 받는다면 가장 하고 싶은 일을 게시판에 기록하는 것입니다. 게시판에서 가장 많이 공감을 받은 사람이 상금을 가져간다는 주최측의 공지 아래 다양한 의견이 나왔습니다. 어떤 행동을 해야 사람들이 좋아할까요? 만약 여러분들이 이벤트에 참여했다면 어떤 의견을 냈을지 잠시 한 번 생각해보시기 바랍니다.

사실 이 이벤트는 독일의 한 라디오 콘테스트에서 진행된 것입니다. 총 10만 유로의 상금이 걸린 이 이벤트에 당첨되기 위해 사람들은 '고아원에 기부하겠다, 학교를 짓겠다, 세계여행을 가겠다' 등 다양한 의견을 올렸습니다. 그러나 이런 평범한 것으로는 1등을 하기 어려웠습니다. 이벤트가 종료된 뒤 1등의 자리는 의외로 카이저스라우테른에 사는 평범한 트럭 운전사 마르코 힐게르트 씨에게 돌아갔습니다. 그는 도대체 어떤 제안을 했던 것일까요? 잠시 살펴보도록 하겠습니다.

"만약 제게 10만 유로가 생긴다면 저는 2만 5천 유로만 갖고 나머지는 시민들을 위해 하늘에서 뿌릴 겁니다. 하늘에서 돈벼락이 떨어지고 시민들이 그 돈을 받으며 행복해하는 모습을 상상해보세요. 정말 재미있지 않을까요?"

1등의 영예를 차지한 그는 실제로 기중기에 올라간 뒤 환호하는 군중들에게 7만 5천 유로를 신나게 뿌려주었습니다. 이에 많은 사람들이 기뻐한 것은 어찌 보면 당연한 일이었습니다. 그가 1등을 할 수 있었던 원인은 무엇일까요? 먼저 저는 많은 사람들을 즐겁게 해주었다는 점에서 그 의의를 찾고 싶습니다. 그는 마케터가 지향해야 할 자세를 이미 갖춘 상태였습니다. 우리는 각자가 설계한 프로그램이나 제품을 통해 즐거움을 주면서도 개인의 이익을 취할 수 있는 방안을 고민해야 합니다. 물론 교육에서도 이 원리는 동일하게 적용됩니다. 즐거움을 느끼는 사람이 그렇지 않은 사람보다 훨씬 더 뛰어난 성과를 거두기 때문입니다. 이는 학생의 목적의식과도 깊은 관계가 있습니다.

마케팅 전문가 로리 서덜랜드의 사례도 우리에게 시사하는 바가 많습니다. 그는 '광고쟁이의 인생교훈(Life lessons from an ad man)' 이라는 TED 강의에서 슈레디스라는 회사를 언급하며 우리의 선입견을 허물었습니다. 슈레디스는 우유에 부어먹는 시리얼을 만드는 회사로 이곳에서 나온 제품은 우리나라의 초코첵스, 허니첵스와 많이 비슷합니다. 그가 언급한 슈레디스의 사례는 다음과 같습니다.

어느 날 슈레디스에서는 신제품을 출시하기로 결심합니다. 다양한 의견이 있었는데 그 중에서 임원진은 오길비사의 인턴인 헌터 소머빌이 낸 기획안을 채택했습니다. 그의 아이디어는 정사각형 모양의 슈레디스 시리얼을 아무것도 하지 않고 각도만 90도 기울인 뒤 다이아몬드 슈레디스라는 상품으로 새롭게 만드는 것이었습니다. 재료나 처리방식은 전혀 바뀌지 않았죠. 이후 슈레디스는 재미있게도 상품체험단을 모집하여 기존 상품(슈레디스)과 신상품(다이아몬드 슈레디스)을 비교하는 영상을 촬영한 뒤 광고에 활용했습니다.

이 작은 사건 하나가 몰고 온 파장은 상당했습니다. 소비자들은 열광했고 매출도 큰 폭으로 증가했기 때문이죠. 그러나 보수주의자들의 반발도 만만치 않았는데 회사는 콤보 팩을 출시하면서 반대의견을 잠재울 수 있었습니다. 사실 기존의 슈레디스와 다이아몬드 슈레디스가 같이 들어 있는 콤보팩은 어찌 보면 말장난이지만, 이런 브랜딩 전략 자체가 소비자들의 인식을 바꾼 것이죠. 그런 결과의 일환인지는 몰라도 체험단은 상품 인터뷰에서 기존 제품보다 다이아몬드 슈레디스가 더 맛있다고 말했습니다. 창의적 아이디어의 이상적인 사례로 꼽을 만 합니다.

다이아몬드 슈레디스와 슈레디스 콤보팩

제가 이렇게 마케팅에 관련된 이야기를 언급한 이유는 이 사례가 교육과 관련이 있기 때문입니다. 기본적으로 마케팅과 교육은 새로운 것을 발견하고 이를 발전시켜야 한다는 점에서 그 궤를 같이합니다. 마케터가 기존의 것만을 반복하며 소비자를 유혹한다면 효과가 있을까요? 마찬가지로 교육의 경우 앵무새처럼 반복하는 학생들이 많아진다고 해서 국가

와 기업이 발전할 수 있을까요? 21세기를 정의하는 주요 키워드 중 하나
는 바로 창의력입니다.

솔직히 말씀드리면 지금까지는 교육에 대한 인식을 바꾸는 주요 집단
이 사교육 업체였습니다. 기업규모로 방대하게 구축한 데이터와 마케팅
전략에 학부모들이 속수무책으로 당할 수 밖에 없었기 때문입니다. 이런
상황에서 벗어나려면 스스로 공부하며 내적인 힘을 구축하는 수밖에는
없습니다. 앞서 언급된 김미연 씨의 주장대로 모든 정보는 인터넷에 있
습니다. 문제는 받아들이는 우리의 자세입니다.

먼저 우리는 기업이 그토록 방대한 정보를 구축해야 하는 이유에 주목
해야 합니다. 사교육 업체의 마케팅 대상은 학생 전부입니다. 그렇기 때
문에 모든 학생들에게 적용될 수 있는 전략을 수립해야 하는 어려움이
있습니다. 그래서 실제 사교육 업체에 일하는 사람들은 야근과 밤샘근무
에 시달리며 열심히 일합니다. 그들의 노력을 통해 학원의 경쟁력이 커
집니다.

그런데 이를 개인에게 적용하면 그 방식이 약간 달라져야 합니다. 내
가 그 모든 정보를 알고 있다 해도 다 적절하게 활용할 수 없기 때문입니
다. 그렇기 때문에 우리는 정보를 받아들이면서 이 정보가 나에게 얼마
나 쓸모 있는지를 확인해야 합니다. 또한 정보를 받아들일 때 다른 사람
들이 몰래 숨겨놓은 의도가 있을 것이라고 한 번쯤은 의심하는 것이 좋
습니다. 그 다음에 내가 이를 활용할지 아닐지를 결정해야 하죠. 정보가

많다는 것은 그만큼 우리가 좋은 것과 나쁜 것을 구분하기 어렵다는 사실을 의미합니다.

우리에게 필요한지 아닌지를 알아보는 확실한 방법은 딱 하나입니다. 얻은 정보를 실제로 활용하게 될 사람이 좋아하는지의 여부입니다. 교육의 경우라면 그 대상은 아이입니다. 아이가 원하는 교육과 방향을 끊임없이 확인하려면 부모와 아이의 관계가 좋아야 합니다. 아이는 부모가 나를 존중해준다는 느낌을 받아야 마음을 엽니다. 헬리콥터맘을 엄마로 둔 자녀라면 아마 원하는 것을 해도 들어주지 않을 것이라는 자괴감이 머릿속을 더 많이 채울 것입니다.

조선시대의 명의 허준은 동의보감에서 내게 쓸모 없는 것을 버리고 몸에 있는 것들을 자주 순환시키는 일과 자연스러운 사람의 바탕을 인위적으로 무너트리려 하지 않는 일의 중요성을 강조했습니다. 오늘날 사람들의 문제는 덜어낼 것은 많은데 자꾸 자신을 다른 어떤 것으로 채우고자 한다는 점입니다. 옛날과 비교하면 영양학적으로 훨씬 더 좋은 환경에 있음에도 우리의 병이 많은 이유가 여기에 있습니다. 공부 역시도 마찬가지입니다. 무작정 좋은 것이라고 생각하며 아이에게 강압적으로 외부의 지식을 주입하면 몸과 마음이 약해집니다.

그래서 저는 우리가 공부를 바라보는 시선이 바뀌어야 한다고 주장하고 싶습니다. 결국 공부를 통해 혜택을 봐야 하는 것은 학습자입니다. 그렇다면 어떤 정보든 학습자의 성향에 맞춰져야 하고, 학습자는 그들에게 가장 잘 어울리는 전략을 선택해야 합니다. 사람마다 정도의 차이는 있겠지만 그 방법은 많아야 10가지를 넘지 않을 것입니다. 그게 꼭 대학과 관련되어야 한다는 이유도 없지요. 우리가 잘 알고 있는 선진국을 보면 좋은 대학이 좋은 인생을 보장해주지 않습니다. 오히려 기능직으로 일하면서도 우리가 알고 있는 유명한 직장인들보다 훨씬 많은 돈을 법니다. 이 말은 서양에서 생각하는 교육의 목적이 우리의 그것과 많이 다르다는 사실을 뜻합니다.

🧑 교육에 대한 신선한 인식

지금은 고인이 된 로빈 윌리엄스가 주연을 맡았던 '런어웨이 베이케이션'이라는 영화가 있습니다. 이 영화는 집안의 가장인 로빈 윌리엄스가 가족과 함께 캠핑카로 여행을 떠나며 벌어지는 일을 다루고 있습니다. 가족들과의 관계 회복을 위해 노력하는 아버지의 모습이 정감 있게 담긴 영화이기도 하죠.

가장의 어깨는 무겁습니다. 관계회복을 위해 여행을 하긴 했지만 가족들의 반응은 싸늘하기만 합니다. 본래 하와이로 여행을 하게 되어있었기 때문이지요. 여행을 하면서도 어려움은 계속됩니다. 캠핑카 내에 있는 화장실 배수 펌프가 고장 나서 오물을 뒤집어쓰기도 하고, 자동차의 문이 떨어지는 데도 이를 알아차리지 못하는 등 다양한 에피소드를 겪으며 가족들은 나름대로(?) 즐거운 여행을 합니다.

저는 이 영화에서 한국사람들이 교육에 관해 갖는 편견을 하나 발견할 수 있었습니다. 주인공 가족 내외가 캠핑카로 만난 트래버스 집안의 사례로부터였습니다. 캠핑장에서 만난 트래버스네 집 아이들은 학교를 가지 않고 홈스쿨링을 활용하여 공부를 합니다. 여행을 자주해야 되니 이는 어찌 보면 당연한 일이었을 것입니다. 그래서 주인공의 자녀들은 트래버스네 집 아이들을 무시합니다.

그런데 여기에는 엄청난 반전이 숨어있었습니다. 놀고 먹고 즐기기만 한다고 생각했던 그쪽 집안의 사람들이 사실은 미국 아이비리그의 명문 대학교를 다니고 있었기 때문입니다. 하버드와 스탠포드 등 이름만 들어도 상대의 기를 죽일 수 있는 대학에 당당히 입학했던 것이죠. 이 사실을 안 주인공 가족들의 태도는 180도 바뀌었습니다. 그러나 상대방의 입장에서 생각해보면 이는 결코 좋은 쪽으로 작용하지 않습니다.

이런 설정을 한마디로 요약하면 '별 볼일 없었는데 알고 보니 재벌 2세' 정도가 될 것입니다. 우리는 대개 사람들의 겉만 보고 속까지 짐작합니다. 그러나 이런 방식은 사람들과의 관계를 맺기에 바람직하지 못합니다. 교육에서도 이런 시선이 있습니다. 사람들은 우리 아이를 좋은 학교에 보내야 하고, 유명한 학원에서 교육을 시켜야 한다고 생각합니다. 다른 친구들이 하는 것을 하지 않으면 뒤처진다고 생각하기 때문에 힘들지만 큰 돈을 들여 자녀를 공부시킵니다. 그러나 결과는 썩 좋지 않지요. 오히려 스스로 공부하도록 놔두는 것이 훨씬 성과가 좋을지도 모릅니다. 홈스쿨이 그 한 예이죠.

물론 그렇다고 해서 홈스쿨이 무조건 좋은 것은 아닙니다. 제가 말씀 드리고 싶은 것은 사람마다 성격이 다르듯이 공부에도 자신만의 습관과 비법이 있다는 점입니다. 자신의 시간을 온전히 활용하면서도 꿈을 찾아 끊임없이 노력하는 사람들에게는 홈스쿨이 답이겠지만 그렇지 않을 경우 더 쉽게 방황하게 된다는 점도 무시해선 안 됩니다. 하지만 이런 생각을 갖고 있는 사람의 수는 적습니다. 대부분은 자녀를 하나의 기준으로 교육시키고 있죠.

저는 그리스 신화에 나오는 프로크루스테스의 침대를 이 사례에 비교할 수 있다고 생각합니다. 프로크루스테스는 그리스 아티카에 살던 강도였습니다. 프로크루스테스의 집에는 철로 만든 침대가 있는데 그는 지나가는 행인을 붙잡아 자신의 침대에 누인 뒤 침대와 행인의 키를 비교하여 키가 침대의 길이보다 크면 잘라서 죽이고, 작으면 억지로 침대 길이에 맞추어 늘려서 죽였습니다.

그런데 재미있는 것은 프로크루스테스가 침대의 길이를 자유자재로 조절할 수 있었다는 점입니다. 그랬기 때문에 그는 사람들을 마음대로 죽일 수 있었습니다. 결국 그는 테세우스에 의해 똑같은 방법으로 죽임을 당합니다. 이후 프로크루스테스의 침대는 자신의 생각에 맞추어 남을 뜯어고치려는 행위를 대표하는 말이 되었습니다.

사실 우리의 교육도 프로크루스테스의 침대와 크게 다르지 않습니다. 교육을 하는 곳으로부터 특정한 기준이 있는 것 같은데 어느 누구도 그 기준을 정확하게 알지 못합니다. 오히려 이를 활용하여 자신의 이득을 챙기는 사람들이 너무 많습니다. 사람들 역시 아이를 위한 기준이 아니라 자신의 편의를 위한 기준을 설정합니다. 상대방을 배려하지 않으면서도 아이에게 많은 것을 압박하다 보니 사이는 당연히 나빠질 수 밖에 없습니다. 또한 이렇게 압박하는데 사용되는 논리는 대개 다른 사람으로부터 주입된 경우가 많습니다.

저는 새로운 기회를 얻기 위해서는 우리의 머리에 있는 생각을 바꾸어야 한다고 생각합니다. 애플이 처음 아이폰을 발표했을 때를 생각해보면 그 이유를 아주 쉽게 알 수 있습니다. 대부분의 사람들은 아이폰의 독창성에 집중합니다. 그러나 저는 이 이야기를 약간 다른 각도에서 바라보고 싶습니다.

스티브 잡스가 아이폰을 처음 발명했을 때 만약 제가 애플에 아이팟 마케팅 담당자로 근무하고 있었다면 기분이 어땠을까요? 아이폰에 음악재생기능까지 있었으니 아이팟의 매출이 떨어질 것은 불을 보듯 뻔한 일이었습니다. 또한 제 자리를 위협할 수 있는 무서운 제품이니 당연히 출시를 반대했을 것입니다. 그럼에도 불구하고 애플이 아이폰의 출시를 강행했던 이유는 그들이 이 제품을 통해 보는 다른 미래가 있었기 때문입니다. 비록 그들이 지금과 같은 상황은 예상하지 못했을지라도 기존의 타성에 젖지 않고 변화를 시도했다는 점은 우리가 깊이 본받아야 합니다.

이처럼 우리 역시 어떤 변화를 만들어 낸다 해도 초기에는 그 여파를 온몸으로 받아들일 수 밖에 없습니다. 주위의 비난과 다른 사람들의 따가운 시선을 견뎌야 하죠. 그러나 이후 시간이 지나면 다른 사람들이 자신을 우러러보는 것을 알 수 있습니다. 교육 역시 마찬가지입니다. 다른 사람들의 시선과 선입견에 못 이겨 자녀의 진로를 수정하느냐 아니면 자신의 신념과 공부한 내용을 믿고 자녀에게 맡기며 더 큰 무언가를 이룰 수 있도록 만들어주느냐는 전적으로 부모에게 달려있습니다. 교육의 목적은 자신의 생각을 다른 사람들에게 효율적으로 알리고 공유하며 사회의 발전을 위해 자신의 능력을 발휘하는 것입니다. 단순히 다른 사람들의 생각을 따라가는 맹목적인 사람들을 만들어내는 것보다 훨씬 의미 있는 일이지만 지금의 교육은 대부분 후자의 방식으로 많이 이루어집니다. 안타까운 일입니다.

소신 있는
학부모되기 전략 A-Z

확인되지 않은
정보는 버려라

극작가이자 문학비평가로 노벨상을 수상한 T.S 엘리엇은 "우리가 정보 속에서 잃어버린 지식은 어디에 있을까? 또 지식 속에서 잃어버린 지혜는 어디에 있을까?"라는 말을 남겼습니다. 이 말은 정보가 많다고 해서 우리가 저절로 지혜를 얻을 수 있는 것은 아니라는 사실을 의미합니다. 만약 이 말이 틀리다면 정보의 바다에 빠져있는 우리는 옛 선현들보다 훨씬 더 지혜로워야 합니다. 하지만 이렇게 많은 정보에도 불구하고 지혜롭다는 말을 듣는 사람들의 수는 예나 지금이나 큰 차이가 없습니다.

우리가 정보를 받아들일 때 알아두면 도움이 되는 것들이 있습니다. 먼저 정보를 통해 해결할 수 있는 문제를 명확하게 설정하는 일입니다. 우리가 정보를 모으는 이유는 간단합니다. 지금 나에게 있는 문제를 줄이는 것이죠. 이에 도움이 되지 않는 정보는 사실 우리에게 필요하지 않습니다. 오히려 가지고 있으면 거추장스럽기 때문에 빨리 버리는 것이 좋습니다. 내가 해결해야 될 문제가 명확해지면 스스로의 기준으로 정보의 중요도를 매기고 필요 없는 것을 과감하게 정리할 수 있습니다.

그 다음으로 중요한 것은 정보를 적절하게 분류하는 일입니다. 방안의 서랍이 정리가 되지 않은 채 잡동사니들로 가득한 상황이라고 가정해봅시다. 만약 그렇게 되면 상당히 기분이 나쁠 것입니다. 필요한 것을 제때 찾아서 쓰지도 못하기 때문에 불쾌지수가 상승합니다. 그러나 서랍을 용도별로 구분하고 해당 물품을 깔끔하게 정리한다면 시간을 절약할 수 있을뿐더러 필요한 물건을 쉽게 찾을 수 있습니다. 책상의 서랍처럼 정보 역시 마찬가지로 자신이 세운 기준에 의거해서 분류한 뒤 정리해야 합니다. 아이에 대한 입시정보나 포트폴리오를 포함해 기타 여러 가지 필요한 것들도 이렇게 분류하고 정리해둔다면 나중에 그 자료들이 큰 힘을 발휘하게 될 것입니다.

마지막으로 해야 할 것은 이렇게 추린 정보를 외부의 다른 정보와 비교하여 정확도를 높이는 일입니다. 아무리 나름의 기준으로 정보를 추렸다고는 하지만 그래도 믿을 수 없는 경우가 종종 있습니다. 이럴 때 옛 선현들은 이경증경(以經證經)을 사용했습니다. 이경증경은 어떤 정보를 담고 있는 경전(오늘날에는 책)을 서로 비교하며 그 진리의 정확성을 가리는 방법입니다. 분류했던 자료의 신뢰도를 높이기 위해 꼭 필요한 과정이었죠. 안타깝게도 오늘날 우리는 이 과정을 거의 대부분 생략하는 편입니다.

만약 특정 학습자가 이 전략을 뉴스 사이트에서 실행한다고 가정해보겠습니다. 그렇다면 학습자가 가장 먼저 할 일은 바로 이 사이트를 통해 얻고자 하는 바를 명확하게 정의하는 것입니다. 다양한 목적이 나올 수 있습니다. 시사상식을 늘리기 위해 정치나 경제면을 볼 수도 있고, 학부모라면 아이에게 도움이 되는 교육정보를 확인하는 것도 가능합니다. 만약 해외 뉴스 사이트에 접속한다면 낭독 및 요약을 통해 영어로 된 배경지식을 익힐 수도 있죠.

목표가 정해졌으면 내가 집중해야 할 분야를 정해야 합니다. 내가 공부하고 싶은 것은 정치와 경제인데 엉뚱한 연예뉴스나 요리관련 글을 보는 것은 큰 의미가 없습니다. 선택과 집중을 통해 정보의 질을 높이고, 언제든 활용할 수 있게 준비하는 과정이죠.

이런 과정을 거친 뒤 학습자는 마지막으로 자신이 익힌 지식을 더 확실하게 다지는 과정을 거칩니다. 토론을 통해 상대방의 의견을 들으며 자신의 주장을 수정한다던가 혹은 그 분야의 전문가가 남긴 칼럼이나 글을 바탕으로 자신의 지식을 확장시킬 수도 있죠. 하지만 이 과정을 거쳤다고 해서 스스로 완벽한 정보를 갖게 되었다고 생각하는 것은 큰 오산입니다. 그 이유는 이전에 비해 폭발적으로 증가한 정보의 양 때문입니다.

그렇기 때문에 정보를 얼마큼 믿을 수 있는지에 대한 문제도 생각해 볼 필요가 있습니다. 일반적으로 양이 많아졌다는 것은 그만큼 좋지 않은 것도 함께 늘어났다는 사실을 의미합니다. 이런 상황에서 우리가 전혀 알지 못하는 외부의 것을 받아들인다면 그 결과가 어떻게 나올지 예상하기 어렵습니다. 또한 충분히 조사하지 않았기 때문에 이 부분에 대해 스스로 책임져야 하는 상황이 왔을 경우 심리적인 압박감이 클 것입니다. 그렇기 때문에 저는 정보를 받아들일 때 이를 따질 수 있는 만큼 최대한 많이 따져보아야 한다고 생각합니다. 이경증경을 통해 정제된 자료라도 예외는 없습니다. 돌다리도 두들겨보고 건너야 하는 것입니다. 모든 생각의 근원은 의심에서부터 출발합니다.

이런 기준으로 따지자면 일반적으로 사람들이 생각하는 이상적인 기준 역시도 우리의 레이다망에서 벗어나지 못합니다. 인터넷을 기준으로 했을 때 항상 제일 먼저 나오는 결과값이 좋은 자료는 아닙니다. 베스트셀러라고 해서 꼭 좋은 책이 아닐 수도 있습니다. 그렇다면 우리는 어떤 정보에 관심을 기울여야 할까요? 저는 이에 대한 대답으로 '지속성이 있는 정보'를 말씀드리고 싶습니다. 몇 년 전부터 한국을 뜨겁게 달군 인문학 열풍의 핵심은 고전 읽기입니다. 고전을 읽어야 하는 이유로 인문학자들이 제시했던 근거는 천 년 이상을 살아남은 지식의 보고라는 것이었습니다. 오랜 기간 검증받았다는 뜻이지요. 책으로 굳이 이야기를 하자면 저는 베스트셀러보다 스테디셀러를 선호하는 편입니다. 베스트셀러는 시류에 편승하여 단기간에 많은 판매고를 올리는 것이 가능하지만 10년 뒤에도 이런 추세가 계속될지는 누구도 장담할 수 없습니다. 스테디셀러는 그런 면에서 베스트셀러보다는 비교적 오랫동안 살아남은 작품이죠. 독자들로부터 꾸준히 사랑을 받는 데는 나름대로의 이유가 있습니다. 정보 역시 마찬가지입니다.

우리는 비슷한 주제의 정보를 취합하여 그 가운데에서 핵심을 뽑아낼 수 있는 능력을 길러야 합니다. 모든 정보는 나름대로의 핵심가치가 있습니다. 문제는 이 핵심가치를 얼마나 정확하게 뽑아낼 수 있느냐입니다. 우리가 알고 있다시피 사람에게 주어진 강점은 모두 다릅니다. 그렇기 때문에 같은 정보를 가지고 있음에도 불구하고 그 결과는 모두 다르게 나옵니다.

철학자 비트겐슈타인은 '문제는 새로운 정보가 주어졌을 때 해결되는 것이 아니라 우리가 지금까지 알고 있는 것을 통해 이끌어 낸 진리에 의해 해결된다' 는 말을 남겼습니다. 정보는 그 자체로는 큰 의미가 없습니다. 오히려 이를 활용하는 사람의 능력에 따라 그 가치가 결정됩니다. 정보를 확인하고 이를 자신의 것으로 만들어 실제 삶에서 활용하게 되기까지 무수한 과정을 거친다는 사실을 꼭 기억하고 나에게 맞는 전략을 수립해보시기 바랍니다. 업무나 일상생활에서 유용하게 활용될 수 있을 것입니다.

빅 데이터를 활용하는
이상적인 방식

자동차를 좋아하는 사람이라면 헨리 포드라는 이름을 알고 있을 것입니다. 최초의 자동차를 발명한 사람으로 그가 세운 기업은 현재 미국에서 포드라는 브랜드로 활약하고 있죠. 자기계발의 대가인 나폴레온 힐은 그를 포함한 미국의 성공자를 연구한 뒤 엄청난 부를 일궈낼 수 있었는데 그처럼 우리 역시 포드의 생애를 통해 많은 것을 배울 수 있습니다.

요즘과는 조금 다르겠지만 그 시절의 천재들은 대개 학교 교육을 제대로 받지 못한 경우가 많습니다. 포드 역시 마찬가지여서 농부의 아들로 태어나 농업노동 합리화를 위해 운반관련 기계기사를 지망했고 그곳에서 일을 배우며 기계에 대한 지식을 조금씩 쌓아나갔습니다. 그렇다면 교육수준이 높지 않았던 그가 어떻게 해서 큰 자동차 기업을 일궈낼 수 있었을까요?

다행히 이를 잘 보여주는 일화가 있습니다. 포드가 자신을 무식한 사람이라고 소개한 신문사를 고소했던 것이죠. 재판관은 그가 똑똑한 사람인지 알아보기 위해 대답하기 어려운 지식을 물어보았습니다. 이 때 그의 명대답이 많은 사람들의 마음을 파고들었고, 결국 그는 현명한 사람이라고 밝혀졌습니다.

그가 한 대답은 간단했습니다. 포드는 이렇게 말했습니다.

'내 사무실에는 회사의 모든 사람들에게 연결되는 전화기가 있습니다. 궁금한 것이 생기면 그 부분에 대한 전문가를 찾아 1초면 해결할 수 있는데 왜 제가 그런 지식을 익히기 위해 시간을 낭비해야 하죠? 우리에게 중요한 것은 한 사람이 지식을 많이 가졌다는 사실이 아니라, 많은 사람들의 지식을 어떻게 하면 더 효율적으로 활용할 수 있을지에 대한 방법론입니다.'

수십 년 전에 이미 빅 데이터(특정 목적에 의해 취합된 정보모음)의 활용 방법을 본능적으로 체득하고 실천에 옮기고 있었던 그의 모습을 보면서 저는 놀라움을 금치 못했습니다. 그의 대답을 통해 저는 위임과 협력의 중요성을 깨달았습니다. 회사에는 사실 모든 것을 다 할 수 있는 사람들이 종종 나타납니다. 그러나 그 사람의 업무 효율이 높을 것이라고 기대해서는 안 됩니다. 하루에 주어진 시간과 그 사람이 한 번에 할 수 있는 일의 양은 한정되어 있기 때문입니다.

우리는 자신이 활용할 수 있는 도구를 명확하게 인식해야 합니다. 그런 가운데 더 효율적인 방안을 고민하며 시간을 줄일 수 있고 이 과정이 결국 다른 이들에게도 큰 보탬이 됩니다. 그렇지 않으면 사는 대로 생각할 수밖에 없습니다. 당연히 개인에게도 사회에게도 좋은 일이 아닙니다.

데이터를 활용하는 이상적인 방식

정보, 즉 빅 데이터를 활용하는 방식에는 어떤 것이 있을까요? 앞서 저는 정보를 잘 활용하기 위해 3가지 사항을 말씀드렸습니다. 먼저 해결해야 할 문제를 정확하게 설정하고 이를 위한 정보를 분류한 뒤 신뢰도를 높일 수 있도록 취합한 정보를 비교하며 좋은 것을 골라내는 것이죠.

이 전략은 데이터를 활용할 때뿐만 아니라 다양한 분야에서도 같은 방식으로 적용됩니다. 위험을 줄이고 성공 가능성을 높이는 일은 어떤 업무에서건 가장 먼저 고려해야 할 부분입니다. 그렇다면 어떻게 해야 이 목적을 달성할 수 있을까요?

먼저 우리는 수많은 정보의 바다에서 새로운 가치를 발견하기 위해 노력해야 합니다. 우리가 데이터를 확인하고 검색하는 것은 결국 사람들에게 도움이 되는 무언가를 만들어내기 위해서입니다. 수집된 데이터에는 어떤 것들이 있는지, 이 데이터를 활용한 기술이나 시스템에는 어떤 것들이 있는지, 기존의 데이터에서 무엇을 더 끌어낼 수 있는지 등을 확인해봅시다. 또한 이렇게 얻은 창의적인 가치가 궁극적으로 내가 하는 일에 도움이 되는지를 확인해주시기 바랍니다. 낭비되는 시간을 줄일 수 있을 것입니다.

데이터가 많은 경우 우선순위를 매기는 것도 한 방법입니다. 아무리 좋은 데이터를 모은다고 해도 그것이 우리에게 도움이 되지는 않습니다. 좋은 정보지만 이해하기 어려울 수도 있고, 참고할 수는 있지만 이를 내 것으로 가공하기 어려운 상황이 발생할 때도 있으며 뭔가 좋은 것 같긴 한데 내 기준으로 분석이 어려운 데이터일 수도 있기 때문입니다. 사람마다 경험한 바가 다르기 때문에 사실 모두에게 좋은 데이터는 나타나지 않습니다.

우선순위가 매겨진 자료를 기반으로 그 원인과 결과를 예측해보는 것도 데이터를 활용하는 좋은 방법 중 하나입니다. '어떤 사건을 통해 이 데이터가 나왔는가? 왜 이런 결과가 나왔는가? 이 데이터를 활용해서 일을 했을 때 어떤 결과가 나올 것인가? 그 결과를 만들어내기 위해 무엇을 해야 하는가?' 와 같은 질문은 우리의 업무효율을 높이는데 큰 도움이 될 것입니다. 물론 입시를 분석하고 자녀들을 올바른 방법으로 교육하는 데에도 큰 도움이 되죠.

전통적인 데이터는 대부분 오늘날 사용할 수 없는 경우가 많습니다. 시대가 지나면서 데이터를 구성하는 기준이 바뀌기 때문입니다. 스마트폰의 발달로 인해 오래 전에 사라진 MP3, PMP의 판매량 같은 데이터는 지금 상황에서 큰 의미가 없습니다. 수능을 치는 학생이 학력고사 세대의 자료를 모을 필요도 없습니다. 그러나 우리는 일상생활에서 이런 실수를 의외로 자주 범합니다. 모든 입시전형을 다 알아야겠다고 설명회에 빠지지 않고 참석한다던지, 일반고에 진학하는 것이 좋은 대학교를 가는데 유리한 아이를 자신의 욕심을 채우기 위해 특목고 입시를 준비시키는 사례 등이 가장 대표적입니다. 실용적인 관점에서 보면 그다지 높은 점수를 받기 어렵습니다. 활용할 수 있는 데이터를 모아야 된다는 사실은 상식 중의 상식입니다.

주변을 보면 누군가는 인터넷에 있는 정보로 글을 쓰거나 세상에 쓸모 있는 무언가를 만들어내지만 그렇지 않은 사람들은 SNS를 통해 자신의 감정을 드러내는 일밖에는 하지 못합니다. 모든 정보에는 나름대로의 의미가 있습니다. 정보를 올린 사람에게 중요한 의미가 될 수도 있고, 받아들이는 사람의 입장에서 깊이 생각해 보아야 할 부분도 있죠. 저는 이 글을 읽는 분들이 정보를 활용하여 삶에 도움이 되는 무언가를 만들고 활용할 수 있는 능력을 갖추게 되길 바랍니다. 그렇게 해야만 이 세상에서 살아남을 수 있기 때문입니다. 오늘날과 같은 정보 과잉시대에는 누군가가 나를 도와줄 것이란 기대를 하지 않는 것이 좋습니다. 오히려 내가 필요한 것을 찾아낼 수 있도록 열심히 공부하고 위험을 줄이는 방법을 연구하는 것이 훨씬 더 생산적입니다. 먼저 주변에서 일어나는 일을 유심히 관찰해보는 것은 어떨까요? 결국에는 삶에 필요한 전략을 구축하는 데 도움이 될 것이라 확신합니다.

정보는 어떻게
선택해야 하는가?

주식투자의 귀재인 워렌 버핏이 아침마다 하는 것이 있습니다. 바로 신문을 읽는 일입니다. 그는 신문을 통해 세계경제가 어떻게 돌아가는지 파악합니다. 그는 다양한 정보를 받아들이며 이를 자신이 갖고 있는 지식과 비교하는 가운데 세상을 바라보는 통찰력이 생긴다고 강조합니다.

그러나 지금은 상황이 바뀌었습니다. 중년층 이상은 아직도 신문을 많이 보지만 청년층의 경우 신문보다는 포털 사이트에서 편집된 뉴스 헤드라인과 SNS를 통해 세상이 어떻게 돌아가는지 파악합니다. 신문을 한 장씩 넘겨서 정보를 검색하던 예전과는 확연히 다른 새로운 시대가 열린 것입니다. 국내에 휴테크라는 개념을 최초로 도입한 김정운 교수는 2014년도에 출판된 '에디톨로지' 라는 책에서 이런 상황을 다음과 같이 표현하고 있습니다.

"내가 대학을 졸업하던 1980년대 중반까지만 해도 정보가 부족해서 외국으로 유학을 가야 했다. 도서관의 카드함을 뒤져 제목과 간단한 요약문만 읽고 책을 신청하던 시절이 있었다. 그나마 몇 시간 뒤 사서가 내민 책의 내용은 내가 기대했던 것과는 전혀 달랐다. 불과 20년 만에 세상은 근본적으로 바뀌었다. 이제 정보가 부족한 세상이 아니다. 말 그대로 검색만 하면 다 찾을 수 있는 세상이다. 실제로 대학원 세미나 시간에 학생들의 발표를 듣다가, 최신 자료를 다운로드 해 프로젝터에 비춰가며 토론한 적도 있다. 정보는 넘쳐난다. 정보와 정보를 엮어 어떠한 지식을 편집해낼 수 있느냐가 관건인 세상이다."

이 글을 쓰는 저 역시도 종이신문을 즐겨 보지 않지만 정보를 얻는데 별로 어려움이 없습니다. 정보가 취합된 사이트를 돌며 업무에 필요한 자료를 스마트폰 어플리케이션으로 스크랩하고 이를 주제별로 분류한 뒤 클라우드 기반 워드 프로세서에 저장합니다. 이런 번거로운 작업을 매일 반복하는 이유는 해당 정보를 필요할 때 쉽게 검색하여 찾을 수 있도록 하기 위함입니다.

사람들의 성향이 모두 제각각이기 때문에 검색하는 정보의 주제 역시 차이가 있습니다. 또한 정보를 대하는 사람들의 태도도 다르죠. 우리는 주변의 사물이나 정보를 단순하게 바라보는 자세를 지양해야 합니다. 가급적이면 꼼꼼히 살펴보고 필요하다면 관련된 지식을 배우는 것이 좋습니다. 정보를 어떻게 활용할 수 있을지 찬찬히 살펴보고 일이나 자신의 꿈과 관련된 자료를 지속적으로 수집하는 사람과 연예기사를 보고 즐거워하며 자신의 감정을 발산하는 것에 그치는 사람의 지적 수준이 다른 것은 어찌 보면 당연한 일입니다.

예전에는 정보가 적어서 문제였지만 요즘은 너무 많아서 문제입니다. 고대의 전략서는 대부분 정보를 구하는 방법에 초점이 맞춰져 있었습니다. 손자병법의 용간편이 대표적입니다. 간첩을 활용하여 적의 동태를 파악하고 우리에게 유리한 전략을 수립하기 위해 필요한 것들이 기록되어 있죠. 이 당시의 메인 프레임은 '남들이 알지 못하는 정보를 얼마나 확보할 수 있을까?' 였습니다.

그러나 요즘에 출간된 책들은 정보 과잉시대에 어떻게 하면 자신의 정체성을 유지할 수 있는지에 더 초점이 맞춰져 있습니다. 따지고 보면, 우리가 지금 주변에서 볼 수 있는 것들은 모두 이전에 누군가가 만들어 놓은 것을 응용한 결과물입니다. 하지만 이런 상황에서도 창의적인 발상으로 성공하는 사람들이 있습니다. 그 사람들의 특징은 이미 있던 것들 중에서 자신이나 고객에게 필요한 부분을 적절하게 추출할 능력이 있다는 점입니다.

정보를 선택하는 근본적인 목적은 내가 하고 있는 일에 보탬이 되기 위해서입니다. 그렇다면 가장 먼저 생각해야 될 부분은 내가 하고 있는 일을 정확하게 파악하는 것입니다. 대개 정보는 다수를 고려하여 제작되기 때문에 보편성이 있습니다. 이를 찾아서 소화하는 것은 전적으로 나의 능력입니다. 보편적인 것을 파악한 뒤 이를 종합하여 사물의 개성을 판단하는 것은 인간이 가진 기본적인 사고방식입니다.

일반적으로 사물은 고유한 특징이 있습니다. 그러나 고유한 특징은 보편적인 특징이 모여서 이루어집니다. 우리의 삶에서 고유한 것은 나 자신이고 보편적인 특징 및 개념은 우리가 살면서 얻는 정보와 지식입니다. 사람이 고유한 존재인 이유는 사람마다 경험하고 익히는 것이 다르기 때문입니다. 무엇을 보고 배우느냐에 따라 그 사람의 인생이 결정됩니다. 창의적인 능력 역시도 이와 관련이 있죠.

예전부터 지금까지 창의적인 능력의 시작은 기존에 있는 것입니다. 선사시대의 사람들은 벼락을 보고 불의 존재를 알았고, 날카로운 돌을 보며 석기를 사용하기 시작했습니다. 요즘에도 창의적인 아이디어는 비슷한 방식으로 구현됩니다. 기존의 것을 조합하며 새로운 것을 만들어내는 것이죠. 이와 부합하는 이상적인 사례가 있어 소개하고자 합니다.

"정보의 보고, 인터넷에 아무리 좋은 정보가 많이 쌓여 있다 할지라도 저개발지역에선 그림의 떡이다. 인터넷을 연결할 수 있는 기반 시설이 부족하기 때문이다. 인도의 한 젊은 창업가는 이러한 열악한 인터넷 환경을 고려한 새로운 검색엔진을 만들었다. 일명 오프라인 구글, 'SMS기안(SMSGyan)'이다. SMS기안은 인터넷에 연결되지 않아도, 문자메시지로 원하는 정보를 찾을 수 있게 도와준다. 창업자는 이 서비스에 들어가는 핵심 플랫폼을 오픈 소스로 공개했다."

"SMS기안은 원하는 검색어를 문자로 보내고, 검색결과를 문자로 받는 서비스다. 구글 홈페이지에 검색어를 입력하는 대신, 휴대폰 문자창에 검색어를 입력하는 셈이다. 예를 들어, '델리 날씨'라고 문자를 보내면 현재 온도, 습도, 내일 날씨 등을 문자메시지로 보내준다. 물론 스마트폰이나 인터넷을 통해 검색하면 바로 알 수 있는 내용이다. 하지만 인도에선 인터넷 서비스를 이용할 수 없는 사람이 많다. 스마트폰 가격이 비싸기도 하고, 스마트폰 사용 요금은 더욱 비싸기 때문이다. 인노즈에서 제공하는 기본 서비스 가격은 한 달에 30루피, 우리 돈 약 500원이다. 날씨, 지도, 스포츠경기 결과 등을 '검색'할 수 있다. 모바일 전용 서비스이기 때문에, 결과 값은 500자 이하로 줄여준다."

이 시스템을 만든 디팍 라빈드란에 의하면 현재 전 세계 휴대폰 약 40억개 중 스마트폰은 10억개 정도입니다. SMS 기안은 나머지 피처폰을 똑똑하게 만들 수 있는 혁신적인 서비스이지요. 하지만 이 프로그램의 시작은 작은 아이디어였습니다. '인터넷 검색결과를 일반 핸드폰에서 볼 수 없을까?'라는 고민을 SMS로 해결한 것이죠.

저는 이 서비스가 주어진 정보를 창의적으로 이용하면서도 많은 사람들에게 도움이 되도록 노력하여 좋은 결과를 만들어 낸 이상적인 사례라고 생각합니다. 창의적인 아이디어는 직관적이면서도 기존의 틀을 부수고 더 많은 사람들이 혜택을 볼 수 있도록 돕습니다.

교육 정보 역시도 마찬가지입니다. 다양한 자료를 검색하고 배우며 공통점을 추리고 이를 통해 가장 좋은 장점을 발휘할 수 있도록 창의적인 능력을 발휘하는 것은 기본 중의 기본입니다. 만약 정보를 생산한 곳(사교육업체 및 공공 교육기관)의 노하우를 우리가 배울 수 있다면 그 결과는 훨씬 좋은 형태로 나타날 것입니다.

정보를 선택할 때 우리가 알아야 할 핵심 키워드는 수집, 선별 그리고 조합입니다. 백화점에서 물건을 살 때 한 곳만 보고 살 물건을 결정하는 사람은 없습니다. 대개 소비자는 매장을 돌며 자신에게 맞는 스타일이 있는지 찾아보고 심사숙고한 뒤 상품을 구매합니다. 정보도 큰 틀에서는 백화점에서 자신에게 맞는 물건을 사는 것과 크게 다르지 않습니다. 사람마다 어울리는 옷이 있는 것처럼 정보 역시 그 사람에게 맞는 것과 맞지 않는 것이 있습니다. 기본적인 것이지만 사람들이 의외로 많이 간과하는 부분입니다.

아이의 꿈은
내 꿈이 아니다

사람을 키우는 가장 큰 요소는 꿈입니다. 큰 꿈을 품을수록 큰 인물이 된다는 사실은 너무 잘 알려져 이제는 식상할 정도입니다. '생각하는 대로 살지 않으면 사는대로 생각하게 된다' 는 말처럼 살면서 의미 있는 무언가를 하고 싶은 사람이라면 꼭 꿈과 열정을 마음속에 간직해야 합니다.

하지만 꿈을 달성하기 위해 우리가 한 번 짚어봐야 할 부분이 있습니다. 내 머릿속에 있는 꿈이 과연 어디서부터 온 것인지 확인하는 일입니다. 우리는 살면서 하고 싶은 것들이 많습니다. 지금 당장 하고 싶은 일도 있고, 반 년이나 1년 후에 달성하고 싶은 목표도 있죠. 그런데 이런 크고 작은 목표가 온전히 나에게서 나오지 않은 경우에는 큰 문제가 됩니다.

꿈을 외부로부터 주입받게 되는 첫 번째 통로는 바로 부모님입니다. 부모님은 '이것을 해야 한다, 앞으로 어떤 사람이 되어야 한다, 공부는 이렇게 해야 한다, 이런 친구들과 어울려야 한다' 며 자녀들에게 누군가가 정해놓은 기준을 따르도록 만듭니다. 물론 자녀의 입장에서 꼭 필요한 것이 없는 건 아닙니다. 사람들을 대할 때 필요한 예절, 배려하는 습관, 목표를 달성하기 위해 필요한 노력과 같은 소중한 가치는 부모님으로부터 직접 배워야하죠. 그러나 인생의 목표와 꿈은 자녀가 스스로 만들고 개척해야 합니다.

외부로부터 꿈을 주입 받는 사람은 스스로 무언가를 기획하지 못합니다. 대학생들이 듣는 토익 수업이 대표적인 예입니다. 영어 성적이 필요해서 주도적으로 수업을 시작한 사람들도 물론 있지만 대부분의 경우 '토익성적이 있어야 그래도 취업에 도움이 된다더라' 는 주변의 말을 믿고 울며 겨자 먹기로 수업을 등록합니다. 다른 사람들이 만들어 놓은 기준에 자신을 맞추기 때문에 수업은 당연히 재미없습니다. 수요자가 많기 때문에 강의실 역시 좁습니다. 20대가 만드는 대표 언론이라는 슬로건을 표방하는 온라인 미디어 '고함20' 에서는 이런 상황을 다음과 같이 기록하고 있습니다.

> 취업준비생 성웅 씨는 지난 여름 방학에 강남에서 토익 학원을 다녔다. 토익에 관심이 있는 사람이라면 누구나 들어봤을 큰 체인의 학원이었기 때문에 주변에서 추천도 많이 받았고, 그 학원에서 만든 교재로 공부한 적도 있기 때문에 선택했다고 했다. 하지만 그 학원 역시 좁았다. '책을 많이 들고 다녀서 큰 백팩을 매고 다녀야 하는데, 항상 지나다니다가 가방이 걸렸어요.' 그는 자신과 같은 강의실에 있는 학생이 좁은 책상 사이 통로를 지나다가 다른 학생의 책상 위에 있는 커피를 쏟은 일도 보았다고 말하기도 했다.

물론 이 상황이 오래 가지는 않습니다. 학생들이 중도에 포기하는 경우가 많기 때문이죠. 이런 사례는 학생들의 목표가 자신으로부터 나온 것이 아니라는 사실을 의미합니다. 학원은 이미 수강료를 받았기 때문에 학생들이 나오지 않아도 별로 신경 쓰지 않습니다. 결국 손해 보는 것은 학생입니다. 성적도 얻지 못할뿐더러 금전적으로도 손실이 크죠.

저는 이런 사례에 가장 관심을 가져야 할 사람들로 학부모를 들고 싶습니다. 학생들이 스스로 생각할 수 있도록 만드는데 가장 영향력을 발휘할 수 있는 사람들이기 때문입니다. 우리가 모두 알고 있는 대로 학교 교육은 주입식으로 진행됩니다. 하지만 이런 상황에서도 창의적인 발상으로 세상을 놀라게 하는 친구들이 나옵니다. 그들이 실시한 언론 인터뷰를 분석해보면 대개 학부모의 가치관이 일반적인 사람들과는 다르다는 사실을 알 수 있습니다. 자녀의 꿈을 응원하고 개방적인 교육환경을 만들어줍니다. 아이를 압박하기보다는 믿고 의지하며 성적이 잘 나오지 않아도 조급해하지 않습니다.

사교육에서 전문적인 영역을 구축하고 있는 전문가들의 사례를 보면 이 점이 더 명확하게 드러납니다. EBS를 비롯한 각종 방송에서 영어 전문가의 입지를 탄탄하게 굳힌 스타강사 이보영. 그녀는 2014년 12월에 출간된 '이보영 선생님~ 우리 아이 영어 어쩌죠?' 라는 책에서 자녀에게 영어를 지도한 방법을 다음과 같이 소개하고 있습니다.

"나는 단 한 번도 아이에게 엄마 아빠 앞에서 영어로 말해 보라고 얘기하지 않았다. 그 이유는 아이가 학교와 학원에서 만나는 선생님을 믿고 따르리라는 믿음 때문이었다…… (중략) 책읽기를 무척 좋아했던 첫째 아이는 한글도 또래 아이에 비해 일찍 뗐고, 매일 밤 자기 전 책을 읽어 달라고 조르곤 했다. 물론 한글로 된 책을 주로 읽었다. 6세가 됐을 때 일주일에 한 번, 딸아이가 어릴 적 좋아하던 그림책을 영어 버전으로 몇 주 동안 반복해서 읽어주었다. 한 페이지에 서너 개의 단어가 고작인, 어릴 때 책이 닳을 정도로 자주 보던 한글 동화책의 영어버전이라 아이는 쉽게 영어 동화책을 받아들였다. 반복해서 읽는 횟수가 늘어나면서 아이는 재미있는 놀이 하나를 생각해냈다. 원하는 페이지를 펼쳐 그곳에서 알파벳을 골라내는 게임이었다. '숨은 알파벳 찾기' 놀이였던 셈이다. 아이는 그 문장이 어떤 뜻인지 어떤 형식인지, 또 무슨 뜻인지 전혀 관심 없다는 듯 오로지 문장들 속에 숨겨진 알파벳 찾기에 열중했다. 그러다 보니 어느 새 동화책은 너덜너덜해져갔다. 그리고 얼마 후 동화책은 방 한 구석을 차지하는 아이만의 소중한 장난감 목록에 이름이 올라가 있었다. 아이에게 영어책 읽기는 엄마와 함께하는 즐거운 놀이였고, 영어책 은 소중한 장난감이었던 셈이다."

교육 전문가들은 부모가 자녀에게 바라는 것과 자녀가 할 수 있는 것이 다르다는 사실을 잘 알고 있습니다. 부모가 자녀의 꿈을 응원하지 못하는 이유는 부모의 기준으로 보았을 때 자녀가 이 길을 선택하면 행복하지 않을 것 같다는 염려 때문입니다. 의도는 자녀를 위하는 것이지만 안타깝게도 자녀는 그렇게 생각하지 않습니다. 오히려 내가 원하는 것을 하는데 방해가 되는 장애물로 인식합니다. 그래서 저는 부모의 입장에서 아이의 꿈을 응원하려면 아이의 꿈을 가장 성공적으로 달성하는데 도움이 되는 것을 함께 고민하거나, 실패했을 때 피해를 최소화할 수 있는 방안을 함께 논의하는 것이 훨씬 더 생산적입니다. 여기서 주의해야 할 것은 실패했을 때의 피해를 최소화하는 방안을 마련하기보다는 성공할 수 있도록 도와주는 것에 더 중점을 맞춰야 한다는 점입니다.

꿈을 주입하는 학부모의 대표적인 특징은 인생에서 학부모 스스로가 하고 싶은 일이 불투명하다는 것입니다. 그렇기 때문에 나를 희생하고 자녀의 교육에 올인합니다. 혹자는 '아이를 위해서라면 이런 생활은 불가피하다' 라고 주장하기도 합니다. 다만 정말로 아이를 생각한다면 지금까지의 방법이 소용없다고 느낄 때 다른 방법을 사용해볼 수도 있습니다. 손해를 보지 않는 범위 내에서라면 시도해봐서 나쁠 것은 없기 때문입니다.

안타깝게도 현재 세상을 움직이는 큰 가치 중의 하나는 계량화입니다. 교육 프로그램을 개발하고 있는 저 역시도 이 가치에서 자유롭지 못합니다. 일정기간 교육업체의 프로그램을 사용해온 학습자는 지금까지의 성과를 확인하고 싶어합니다. 이런 경우 교육업체에서 제공할 수 있는 것은 데이터로 정리된 학습 결과표입니다. 결과표를 만들기 위해서 기획자는 학습자가 활용하는 교육 프로그램을 구성하는 모든 요소에 (동영상 강의, 시험 문제, 정답률, 사이트에 올리는 글, 학습질문에 대한 답변 등) 일정한 수치를 부여한 뒤 이 데이터를 분석하는 알고리즘을 설계해야 합니다. 이렇게 완성된 결과표는 학습자에게 프로그램을 계속 수강해도 되는지에 대한 기준을 제공합니다. 자신의 학습량과 향상도에 대한 데이터를 비교적 객관적으로 볼 수 있기 때문에 수강 진행여부를 판단하는데 도움이 되죠.

그러나 꿈은 앞서 말씀드린 프로그램처럼 숫자나 틀에 맞출 수 있는 것이 아닙니다. 사람마다 저마다의 꿈이 있고 이를 이루기 위해 노력해야 하는데도 어른들은 아이의 꿈을 일정한 기준과 틀에 맞춥니다. 성인이 되었을 때 벌어들이는 급여, 이상적인 배우자와 자녀, 번듯한 직업 등이 대표적입니다. 이 때 심성이 착한 아이들은 대개 자신이 원하는 것을 포기하고 부모님의 의견을 따릅니다. 하지만 행복하진 않죠.

자녀를 행복하게 키우기 위해서는 아이의 호기심을 북돋워주는 일이 가장 중요합니다. 세계적인 로봇 공학자로 유명한 데니스 홍 교수는 냉장고의 불이 언제 들어오는지 궁금했던 아들을 위해 휴대폰을 냉장고에 넣고 촬영한 결과물을 보여주며 문제를 함께 풀어나갑니다. 한국 항공우주학회장을 지낸 데니스 홍의 아버지 역시도 아들이 어렸을 때 TV와 라디오를 분해 조립해서 노는 어린 데니스 홍에게 직접 공구함을 만들어주고 꿈을 키우도록 했죠. 홍 교수는 이 시기에 톱을 장난감 삼아 놀며 로켓을 만들기 위해 다양한 방법을 고민했습니다.

저는 우리가 이 사례를 본받아야 한다고 생각합니다. 공부를 즐거운 수수께끼 놀이로 만들려는 아버지들의 노력은 사실 알고 보면 그리 어렵지 않습니다. 아이를 믿고 꿈을 존중하며 삶에 호기심을 갖고 이를 해결할 수 있도록 관심을 갖고 지켜보는 부모님의 사랑이 아이의 교육을 위해 절실히 필요한 시기입니다. 이런 태도는 아이가 어떤 학원에 다니고 있는지 보다 훨씬 중요한 요소입니다. 아이를 키우는 것은 열심히 다니는 학원이 아니라 아이의 내면에서 나오는 학습에 대한 열정입니다. 이 열정은 스스로 치열하게 고민하고 생각하며 마침내 자신이 좋아하는 것이라고 인정한 꿈으로부터 나옵니다.

네 번째 공부

소신 있는 학부모되기 전략 A–Z

하워드 가드너가 말하는
진짜 교육

다중지능이론, 지능을 바라보는 새로운 시선

부모는 아이가 얼마나 지능이 뛰어난지 항상 알아보고 싶어합니다. 다른 아이들에 비해 뒤처져서 나중에 피해를 보면 안 된다는 마음이 자리잡고 있기 때문입니다. 자녀를 잘 키워서 행복하게 만들고자 하는 마음은 어느 부모나 마찬가지일 것입니다.

이런 부모의 니즈를 반영하여 학교에서는 예전부터 IQ, EQ 검사 등을 통해 아이들의 지능과 감성지수를 파악했습니다. 예전에는 이 검사를 통해 나온 지수가 아이들의 능력을 가늠하는 강력한 척도였습니다. 제가 초등학교(그 때는 국민학교였습니다)를 다니던 시절만 해도 IQ 검사에서 좋은 점수를 받은 아이들이 느끼는 성취감은 대단했습니다. 그리고 대개 IQ가 높은 친구들이 공부를 잘했었죠.

그런데 요즘에는 학부모들이 이런 사례를 잘 믿지 않습니다. 높은 IQ를 갖춘 상태에서 열심히 공부한다면 최고의 대학을 졸업할 수는 있을 테지만, 이 수치가 열정 의지, 의욕, 끈기, 자신감, 배려하는 마음, 서비스 마인드 등을 판단할 수는 없다는 것이 그 이유입니다. 그렇기 때문에 세계적인 인재 전문가들은 성공 가능성과 리더의 자질을 판단하는 척도가 IQ가 아닌 다른 요소에 있다고 주장합니다.

이런 주장을 한 사람들 중 가장 대표적인 인물은 하버드 대학교 교육심리학 분야의 교수로 재직하고 있는 하워드 가드너 박사입니다. 그는 우리에게 다중지능이론(Multiple Intelligence: MI)으로 잘 알려져 있습니다. 가드너 박사는 다중지능이론을 통해 인간의 지능이 서로 독립적이고 다른 8가지의 요소로 구성되어 있다고 주장합니다. 그가 제시한 8가지의 지능은 대인관계지능, 개인이해지능, 공간지능, 신체운동지능, 음악지능, 언어지능, 논리수학지능, 자연탐구지능으로 우리가 흔히 실시했던 IQ검사는 이 중 공간지능 및 논리수학지능 영역만을 확인할 수 있었죠. 그랬기 때문에 이 이론은 발표된 이후 학계의 지대한 관심을 이끌어냈습니다.

다중지능이론의 핵심은 아이들의 개성을 존중하고 궁극적으로는 창의력을 길러주는데 필요한 아이들의 개별 요소를 진단하는 것입니다. IQ검사가 단순히 수치화 된 결과만을 제시하기 때문에 성공에 있어서 중요한 흥미, 사람들과의 관계 등을 진단하기 어렵다는 단점이 있는 반면 다중지능이론의 경우 다양한 부분의 지능을 동시에 판단하기 때문에 더 자세히 아이를 살펴볼 수 있다는 장점이 있습니다.

다중지능이론이 한국에 소개된 이후로 교육업체는 이 트렌드에 맞춰 발 빠르게 움직이기 시작했습니다. 시대가 요구하는 창의적인 인재를 길러낼 수 있다고 주장하는 상품과 프로그램을 쏟아낸 것이지요. 영유아대상의 놀이학원부터 시작해 각종 교구에 이르기까지 그 종류도 매우 다양했습니다. 이에 관심을 가지는 사람들이 생겨난 것은 당연한 일입니다. 상품의 시작이 소비자의 니즈라는 것을 정확하게 알고 있는 마케터들의 전략이 성공적으로 먹힌 결과였습니다.

가드너의 다중지능이론은 IQ 수치를 지능의 척도로 삼았던 한국의 천편일률적인 교육환경에 아이를 바라보는 다양한 기준을 마련할 수 있게 만들어주었다는 점에서 그 의의가 있습니다. 학부모들은 이제 단순히 지능이 높다는 이유로 사회적으로 성공할 수 있다는 생각을 하지 않습니다. 아이의 재능을 찾고 이를 발전시켜야 한다는 마음을 가졌기 때문입니다. 하지만 이 이론을 어떻게 적용할 수 있는지는 아직까지 모두에게 의문으로 남아있습니다. 이 문제를 해결하는데 필요한 모든 해답은 공부로 귀결됩니다. 자신에게 필요한 것을 배우고 이를 삶에 활용하는 과정은 인생을 의미 있게 살기 위해 꼭 필요한 부분입니다.

다중지능이론을 어떻게 적용해야 하는가?

이 글을 읽는 여러분들이 좋아하는 것은 무엇인가요? 대답은 사람마다 모두 다르게 나올 것입니다. 텔레비전 시청, 독서, 스포츠, 등산, 요리 등 그 종류도 다양합니다. 우리는 좋아하는 일을 통해 삶의 활력을 얻습니다. 회사업무에 지친 사람이 주말 등산으로 스트레스를 푸는가 하면, 사람들과의 상처를 음악이나 예술작품으로 승화시키는 경우가 이에 해당될 것입니다.

만약 좋아하는 것을 일찍 찾은 뒤 이 분야에서 오랫동안 노력한다면 상대적으로 성공이 빨리 올 것입니다. 비교적 젊은 나이에 성공한 사람들 대부분은 모두 어린 시절부터 꾸준히 노력했다는 특징이 있습니다. 하지만 평범한 사람들은 좋아하는 분야를 찾는데 시간이 오래 걸립니다.

혹자는 평생 동안 자신의 재능을 발견하지도 못한 채 세상을 떠나기도 하죠. 좋아하는 것만 찾으면 성공할 수 있을 것 같은데 우리에게는 이 과정이 너무 어렵기만 합니다.

그렇기 때문에 요즘 학부모들은 아이들의 재능을 빨리 끌어내는데 도움이 되는 것에 관심이 많습니다. 앞서 말씀드렸던 교육업체의 다양한 상품도 그 예시 중 하나입니다. 이들은 자신의 상품이 앞서 말씀드린 가드너 박사의 다중지능이론을 도입하여 아이의 재능을 찾을 수 있도록 해준다는 것을 마케팅 포인트로 삼습니다. 실제로 효과를 보았다는 아이들의 사례도 많이 접하기 때문에 사람들은 무의식적으로 이를 받아들이는 편입니다.

그러나 저는 이런 상황을 좀 주의 깊게 살펴보아야 한다는 말씀을 드리고 싶습니다. 교육시민단체인 '사교육걱정없는세상'에서는 2014년 6월 20일에 가드너 박사로부터 받은 이메일을 공개했습니다. 메일에서 가드너 박사는 '한국에서 인기를 얻고 있는 다중지능이론 상품(놀이학원, 학습지 및 교구)에 대해 어떤 것도 승인한 것이 없다'는 주장을 펼쳤습니다. 창의력을 발달시키고 아이들의 미래를 이상적으로 설계할 수 있는 프로그램이라면 승인해야 하는 것이 마땅한데도 그는 왜 이런 의견을 제시했을까요?

그 이유는 다중지능이론의 본질이 개인화와 다원화에 있기 때문입니다. 다중지능이론은 아이들의 능력을 수치화해서 일렬로 구분 짓는 것을 목적으로 하지 않습니다. 우리가 부득이하게 다른 사람을 평가하게 될 경우 기준이 되어야 할 것은 그 사람이 지닌 본연의 생각입니다. 또한 사람마다 사고방식이 다르기 때문에 학습법 역시 여러 가지로 나뉘어야 하죠.

그러나 앞서 말씀드린 프로그램의 경우 거의 대부분 특정한 교과과정이 있고 그 속에 아이들을 밀어 넣는 형태로 구성되어 있습니다. 이 말은 어떤 아이가 오더라도 같은 방식으로 학습하게 된다는 것을 의미합니다. 앞서 말씀 드린바와 같이 획일화는 다중지능이론의 특징이 아닙니다.

그러나 만약 부모가 아이가 좋아하는 것을 정확하게 파악하고 이와 관련된 체험을 할 수 있도록 교육업체의 프로그램을 주도적으로 선택한 경우라면 이야기는 달라집니다. 다른 사람이 정한 틀에 아이를 맡기지 않고 주체적으로 교육을 받을 수 있는 환경을 만들었기 때문입니다. 그렇다면 어떤 능력이 있어야 자신이 배울 분야를 이렇게 능동적으로 잘 선택할 수 있을까요?

2011년 6월 3일 방영된 EBS 다큐프라임 아이의 사생활 4부 다중지능편에서 소개한 내용이 해답이 될 수 있습니다. 제작팀은 가수, 디자이너, 사업가 등 사회에서 성공한 사람들을 대상으로 다중지능검사를 실시했습니다. 당연히 결과는 사람마다 달랐습니다. 가수의 경우 음악지능이 뛰어났고, 디자이너의 경우 공간지능영역에서 우수한 지표가 산출되었습니다.

그런데 재미있는 것은 이 모든 사람들에게 공통적으로 발견된 지능이 있었다는 점입니다. 바로 '자기성찰지능'입니다. 자기성찰지능을 가진 사람은 자신의 지난 경험을 돌아보며 그 속에서 교훈을 얻고 스스로 강

점과 약점을 이해합니다. 옳다고 생각하는 신념을 지키고, 타인이 나에
대해 어떻게 생각하는지 보다는 자신의 목표에 집중한다는 특징도 있죠.
전문가들은 자기성찰지능을 갖춘 사람이 되는 것은 성공적인 삶을 사는
매우 중요한 열쇠라고 주장합니다.

저는 이런 상황에서 부모님의 역할이 가장 중요하다고 생각합니다. 개
인의 의사를 존중하지 않고 사교육에 자녀를 던져놓게 되면 자신에 대해
생각할 수 있는 시간을 빼앗깁니다. 대학생이 되어서도 내가 무엇을 할
수 있는지 그리고 어떻게 살아야 하는지 알지 못하는 것도 이와 무관하
지 않습니다.

그렇다면 부모는 아이에게 어떤 환경을 마련해주어야 할까요? 입시
위주의 수능교육만 한다고 해서 아이가 잘 될 수 있을 것이라는 기대는
일찌감치 버리는 것이 좋습니다. 적어도 아이에게 관심을 갖고 다양한
것들을 체험할 수 있도록 해주어야 합니다. 비록 그것을 통해 좋은 결과
를 이끌어내지 못하더라도 괜찮습니다. 아이가 이 분야에 관심이 없다는
긍정적인 피드백을 받았기 때문입니다. 가드너 박사의 다중지능이론은
이와 같은 시행착오를 줄일 수 있다는 점에서 큰 의의가 있습니다. 우리
는 다중지능을 아이의 가능성을 발견할 수 있는 방식으로 활용해야 합니
다. 그것이 가드너 박사가 교육자와 부모에게 바라는 것입니다. 또한 이
런 교육방식은 궁극적으로 아이를 위해서도 꼭 필요합니다. 단순히 주어
진 지식을 받아들이는 기계보다는 스스로 판단하고 인생을 가치 있게 살
수 있도록 고민하는 모습이 훨씬 더 아름답기 때문입니다.

네 번째 공부
소신 있는 학부모되기 전략 A-Z

강남에서
서울대 많이 보내는
진짜 이유

사교육의 메카 강남?

최근 발표된 통계 데이터에 따르면 강남권의 학생들이 비강남권 학생들에 비해 SKY대학교에 훨씬 높은 확률로 진학하는 것으로 나타났습니다. 이는 대학에서 요구하는 조건을 강남지역의 아이들이 잘 맞춰 왔다는 의미일 것입니다. 물론 이 과정에서 학생 스스로 모든 것을 준비했는지의 여부는 장담하기 어렵습니다. 스스로 준비했을 수도 있고, 아니면 사교육의 도움을 빌었을 수도 있죠. 어찌되었든 명문대를 가장 많이 보내는 지역이니 이곳에 사는 사람들은 나름대로 자부심이 있을 것입니다.

그런데 더 재미있는 것은 우리나라에서 대학진학률이 제일 낮은 지역도 서울 강남이라는 점입니다. 이 지역 수험생들이 대학에 들어가지 않으려는 것일까요? 그렇다기보다는 대학의 서열화가 심화되어 어떤 대학, 어떤 과에 가느냐가 더 중요해진 상황에서 고소득층 자녀들이 대입에 유리한 재수를 선택하고 있기 때문입니다. 한국사람들은 대개 처음에 들어가는 대학이 인생을 결정짓는다고 생각합니다. 그래서 이런 상황을 기꺼이 감수하는 것이죠.

아이를 명문대에 보내려면 강남으로 이사를 해야 할까요? 서울에 거주하는 학부모들은 이 문제를 적어도 한 번 이상 생각해 본 적이 있을 것입니다. 아이가 가게 될 대학교의 수준을 한 단계 높이기 위해서라면 당장 옮기는 게 답이라고 생각이 들 정도로 강남의 교육환경은 매력적으로 다가옵니다. 그러나 이사를 고려하다가도 강남의 엄청난 집 값과 교육비를 보면 너무 무리하는 것이 아닌가 싶은 생각이 들 때도 있습니다. 그래서 이사를 결심하더라도 이를 실천하기란 여간 어려운 것이 아닙니다.

이런 상황에서 강남학생들에 대한 의문을 제기한 책이 있어서 화제입니다. 15년 동안 대치동에서 학생들을 가르쳐 온 심정섭 강사의 '강남에서 서울대 많이 보내는 진짜 이유'에서는 입시 성과의 힘이 부모의 정보력이나 경제력 혹은 학군이나 학원력에 있다는 일반인의 상식을 모두 거부합니다. 그의 말에 의하면 평범한 가정에서 아이가 성공하는데 필요한 가장 중요한 요인은 '부모력'입니다.

부모력이란 무엇일까요? 일반적으로 사람들은 자녀를 잘 공부시킬 수 있는 경제력을 떠올립니다. 그러나 이는 부모가 자녀에게 해 줄 수 있는 여러 가지 조건 중 극히 일부에 지나지 않습니다. 부모의 모든 역할을 돈으로 해결할 수는 없기 때문입니다. 오히려 부모력이란 자녀가 올바른 방법으로 공부할 수 있게끔 이끌어주는 나침반의 역할을 하는 교육철학과 양육방식을 의미합니다.

대다수의 맞벌이 가정은 아이와 시간을 많이 보내지 못하기 때문에 더 좋은 것을 시켜주고 싶은 마음에 여러 학원에 등록하는 경향이 있습니다. 그 목적 자체는 칭찬 받아 마땅하지만 과도하게 학원을 다니게 될 아이의 입장을 생각해본다면 이것도 썩 좋은 선택은 아닙니다. 아이에게 쏟아야 할 시간과 정성을 돈으로 때우는 것 밖에는 되지 않기 때문입니다.

아이들이 공부를 잘 할 수 있으려면 먼저 지식을 받아들이는 기본 바탕이 튼튼해야 합니다. 앞서 말한 심정섭 강사는 이를 '공부그릇'이라는 말로 표현했습니다. 그는 책에서 '부모력이 갖춰지면 자녀의 공부그릇 또한 자연스럽게 형성돼 더 이상 학습한 지식이 허망하게 날아가지 않으면서도 호기심이나 의욕과 연결된 진짜 공부의 즐거움을 아는 아이로 길러진다'고 주장했습니다. 오히려 좋은 대학교를 가는 것보다 훨씬 중요한 부분이죠. 그렇다면 도대체 어떻게 해야 공부그릇이 커지는 것일까요?

공부그릇은 어떻게 커지는가?

좋은 그릇을 만들기 위해서는 몇 가지 조건을 충족시켜야 합니다. 먼저 장인에 의해 잘 만들어진 뒤 오랜 기간 뜨거운 열기를 견뎌내야 합니다. 또한 사람들이 필요로 하는 모양이어야 하죠. 그렇지 않으면 이 그릇은 장식용으로 밖에 쓸 수 없을 것입니다. 그 가운데 아름다움까지 갖춘다면 누구에게나 사랑 받는 멋진 그릇이 될 것입니다.

이 가운데 가장 고된 것은 오랫동안 가마에서 뜨거운 열을 버티는 일입니다. 이 과정을 거치지 않으면 좋은 그릇이 되기 어렵습니다. 그러나 고통을 참고 견디면 장인의 손길에 따라 아름다운 결과물이 나오게 됩니다. 공부그릇도 마찬가지로 오랜 기간 연단의 과정을 거치지 않으면 그저 그런 그릇이 될 수 밖에 없습니다.

공부그릇을 키울 수 있는 가장 좋은 방법은 독서입니다. 독서는 아이들의 통합적인 사고력을 길러주는 가장 좋은 수단입니다. 초등학교 때부터 시험을 보고 매달 공지되는 성적의 결과에 따라 일희일비하는 공부방식은 이제 없어져야 합니다. 차라리 어린 시절 공부를 잘할 수 있는 체력을 길러주는 것이 훨씬 더 생산적입니다. 아이에게 즐겁게 놀 수 있는 시간을 허락하면서도 학업 성취도를 더 높일 수 있는 좋은 방안이죠. 사실 초등학교, 중학교 때의 성적은 상급 학교에 진학하면 큰 의미가 없습니다.

사실 조선시대에도 오늘날 우리가 하는 것과 비슷한 형식의 족집게 과외가 유행한 적이 있었습니다. 그 이유는 과거시험 때문이었습니다. 조선시대에는 문장을 보통 3종류로 나누었는데 흔히 과거에서 사용되는 문장을 과문(科文)이라 하고, 과거에 급제한 뒤 행정관료가 되면 사용하는 문장을 이문(吏文)이라고 합니다. 마지막으로 고문(古文)은 옛 고전에서 쓰이는 보통 문장이죠. 족집게 과외 선생님은 당연히 과문을 중점적으로 가르쳤습니다. 그러나 이런 행태를 본 다산 정약용은 이런 추세를 정면으로 반박합니다. '다산선생 지식경영법'에 소개된 다음의 일화에 주목해주시기 바랍니다.

"글에는 많은 종류가 있다. 과문(科文)이 가장 어렵고, 이문(吏文)이 그 다음이다. 고문(古文)은 쉽다. 그러나 고문의 지름길을 통해 들어가는 사람은, 이문이나 과문은 따로 애쓰지 않아도 파죽지세와 같다. 과문을 통해 들어가는 사람은 벼슬하여 관리가 되어도 공문서 작성에서 남의 손을 빌려야 한다. 서문(序文)이나 기문(記文), 혹은 비명(碑銘)의 글을 지어달라는 사람이 있으면, 몇 글자 쓰지도 않아서 이미 추하고 졸렬한 형상이 다 드러나버린다. 이로 볼 때 과문이 정말 어려운 것은 아니다. 하는 방법이 잘못되었을 뿐이다."

"내가 예전에 아들 학연에게 과시(科詩)를 가르쳤었다. 먼저 한위의 고시부터 하나 하나 모의하게 하고 나서 점차 소동파나 황산곡의 문로를 알게 했다. 그랬더니 수법이 점점 매끄러워지는 것을 알 수 있었다. 그에게 과시 한 수를 짓게 했더니, 첫 작품에서 이미 여러 선생의 칭찬을 받았다. 그 뒤로 남을 가르칠 때도 이 방법을 썼더니 학연과 같지 않은 경우가 없었다."

이 사례가 우리에게 시사하는 바는 간단합니다. 아무리 어려운 것이더라도 기본 바탕이 잘 마련되어 있으면 상대적으로 쉽게 접근할 수 있다는 것입니다. 그러나 문제는 기본 바탕을 쌓는 일이 매우 고되면서도 시간이 많이 걸리기 때문에 사람들이 잘 하지 않는다는 것입니다. 강남의 유명한 학원에서도 이런 현상이 자주 발생합니다. 아이들이 문제는 잘 풀지만 실제로 생각하는 능력을 잃어버리고 모든 것을 과외에 의존하려 하는 현상 말입니다.

만약 우리가 올바른 방법으로 공부하지 않는다면 효과는 없으면서도 힘이 많이 듭니다. 무조건 책상 앞에 오래 있는다고 공부가 되는 것은 아닙니다. 공부하는 머리가 트여야 하죠. 영어 족집게 과외를 받는 것보다 기본적인 외국어 능력을 향상시키는 것이 장기적인 관점에서 더 좋은 것처럼 우리의 공부전략 역시 사고력을 향상시키는 방식으로 수정되어야 합니다. 현행대로라면 미래에도 학생들은 주어진 문제를 기계적으로 푸는 것 정도 밖에는 할 수 없습니다. 국가의 미래를 위해서도 이런 교육방식은 지양해야 합니다. 그럼에도 불구하고 학생들이 이런 방식을 택할 수 밖에 없게 된 요인은 단기적인 성과를 중요시하는 한국사회의 특수성 때문입니다. 안타까운 일입니다.

　오늘날 우리에게 필요한 기본기는 무엇일까요? 저는 이 질문에 '스스로 대답하는 능력'이라는 답을 내어놓고 싶습니다. 창조적인 무언가를 내놓지 않으면 도태되는 21세기에서 가장 필요한 덕목이기 때문입니다. 아이가 이런 능력을 갖출 수 있으려면 먼저 부모가 나서서 아이들이 자연스럽게 공부할 수 있도록 환경을 조성해야 합니다. 부모가 공부를 하지 않으면서 자녀에게 공부를 강요하는 것은 어폐가 있습니다. 부모가 책을 한 번도 보지 않으면서 자녀에게 책을 보라고 말하는 것도 마찬가지입니다. 부모는 자녀의 거울이라고 말하는 이유가 여기에 있습니다.

컨셉을
디자인하라

애플의 수석 디자이너가 말하는 디자인의 정의

애플하면 가장 먼저 떠오르는 인물이 누구인가요? 사람들 대부분은 아마 스티브 잡스를 떠올릴 겁니다. 아이팟, 아이폰, 아이패드 등을 만들며 전세계에 혁신을 불러일으켰기 때문이지요. 저는 예전에 그의 사망소식을 아이폰 뉴스어플인 CNN을 통해서 받았는데 이 사례를 통해 많은 생각을 하게 되었습니다. 이미 사람들은 이전과 정보를 받아들이는 방식이 확연하게 다릅니다.

많은 사람들이 애플을 좋아하는 이유는 아마 산뜻한 디자인 때문일 것입니다. 애플은 알게 모르게 이 상품을 가지면 다른 사람들보다 낫다는 생각을 할 수 있도록 다양한 마케팅 활동을 펼칩니다. 당연히 소비자의 니즈도 충족되지요. 다른 곳에서 흉내내려고 하지만 이미 포지션을 선점하고 이에 따른 반사이익을 많이 누리고 있기 때문에 이를 바꾸긴 쉽지 않습니다.

이런 애플을 진두지휘하고 있는 인물로 저는 조니 아이브를 들고 싶습니다. 거의 모든 애플 제품의 디자인이 그의 머리에서 나왔기 때문입니다. 잡스가 생전에 그의 업무 스타일에 간섭하지 않을 정도로 막강한 권한을 가지고 있기도 했죠. 그가 디자인 한 작품은 일체형 컴퓨터인 아이맥, 아이팟, 아이폰, iOS 운영체제 등 매우 다양합니다.

그가 말하는 디자인의 개념은 '소비자의 인식을 바꾸는 작업' 입니다. 애플의 디자인이 소비자의 인식을 어떻게 바꾸는지 생각해봅시다. 모두가 동의하는 것은 아니지만 일반적으로 사람들은 애플의 제품을 주력으로 활용하는 사람들을 보았을 때 자신과 무언가 다른 것이 있다는 걸 느끼게 됩니다. 지금은 의미가 많이 퇴색되었지만 스타벅스가 처음 나왔던 시절 그곳에서 커피를 먹으면 엘리트 지식인층일 것이라고 무의식적으로 생각했던 예와 비슷할 것 같습니다.

우리는 의외로 다른 사람들이 나에 대해 어떻게 생각하고 있을지 고민하지 않습니다. 그 결과로 인해 인생이 바뀔 수도 있는데도 이에 인색하다는 뜻입니다. 우리는 어떻게 하면 다른 사람들에게 좋은 인식을 심어줄 수 있는지 날마다 고민하고 개선해야 합니다.

디자이너는 단순히 제품의 모양을 설계하는 사람이 아닙니다. 다른 사람들이 나를 그리고 내 제품을 어떻게 생각하는지를 먼저 인지하고 이를 지속적으로 바꾸려는 시도를 하는 사람들입니다. 다양한 피드백과 정보를 활용하여 나만의 새로운 인식을 만들어내는 사람이 성공하는 시대입니다. 마음을 바꾸고 다른 사람들이 나를 어떻게 생각하고 있는지 알아보는 것은 어떨까요? 아마 이를 통해 많은 깨달음을 얻을 수 있을 것입니다.

컨셉, 창의성, 카피

우리가 하는 모든 행동에는 그 의도가 숨어있습니다. 살면서 우리는 스스로가 하는 행동을 통해 세상에 영향을 주고받으며 살아갑니다. 그 영향력은 좋은 쪽으로 나타나기도 하고 혹은 나쁜 쪽으로 드러나기도 합니다. 중요한 것은 우리가 살아가면서 주고받는 영향력이 갖는 상호작용 방식입니다. 우리의 삶을 더 윤택하게 만들려면 이처럼 사람들의 마음과 영향력이 움직이는 방식을 이해해야 합니다.

어떤 작품이나 제품, 공연, 행사 등에서 드러내려고 하는 주된 생각을 우리는 컨셉이라고 말합니다. 효과적으로 컨셉을 전달하기 위해서 우리에게 필요한 것은 무엇일까요? 가장 먼저 집중해야 할 것은 사물의 본질을 파악하는 일입니다. 본질을 파악하려면 사물이나 사건의 현상을 심도 있게 분석하여 이를 자신의 생각으로 오롯이 정리해 낼 수 있어야 합니다.

이런 상황에서 우리에게 필요한 것은 디자이너적인 시각입니다. 디자인은 단순히 물건의 형태를 구성하는 작업이 아닙니다. 우리의 인생을 주체적으로 구성하고 만들어내는 것까지도 모두 디자인의 영역에 포함되지요. 상대방에게 어떻게 보일지를 고민하면서도 스스로 원하는 바를 자율적으로 구성하는 능력은 인생에 있어서 중요합니다. 그렇게 구성된 능력을 하나의 단어로 요약하여 제시하는 일은 개인의 목표를 명확하게 할 수 있다는 점에서 큰 의미가 있습니다.

앞서 말씀드린 애플의 디자이너 조니 아이브의 철학은 미니멀리즘입니다. 미니멀리즘을 간단하게 정의내리면 'Less but Better' 입니다. 사람들이 생각할 수 있는 요소를 줄이면서도 더 나은 것을 만든다는 뜻이죠. 이런 철학이 반영된 애플의 제품은 단순하면서도 사람들의 마음을 끌 수 있는 멋진 디자인으로 소비자를 유혹하고 있습니다.

그런데 재미있는 것은 이런 그의 철학이 독일의 대표적인 산업 디자이너인 디터 람스의 것을 차용했다는 점입니다. 디터 람스는 독일 브라운 사에서 근무한 디자이너로 1988년 은퇴할 때까지 오디오 시스템을 시작으로 라이터, 계산기, 텔레비전, 시계 등 500여 개에 달하는 제품의 디자인을 담당했습니다. 그의 디자인은 미니멀리즘을 기반으로 하여 제품의 실용성, 이용성, 단순함, 견고함을 추구한 것으로 업계의 인정을 받았고 그 결과 람스는 현재 독일 디자인 르네상스의 핵심 인물로 뽑히고 있습니다. 그가 남긴 디자인 10계명은 지금까지도 관련 업계의 사람들에게 회자되고 있으며 그 영향력이 큽니다. 디터 람스의 디자인 10계명은 다음과 같습니다.

- 좋은 디자인은 혁신적이다.
- 좋은 디자인은 제품을 유용하게 한다.
- 좋은 디자인은 아름답다.
- 좋은 디자인은 제품을 이해하기 쉽도록 한다.
- 좋은 디자인은 정직하다.
- 좋은 디자인은 불필요한 관심을 끌지 않는다.
- 좋은 디자인은 오래 지속된다.
- 좋은 디자인은 마지막 디테일까지 철저하다.
- 좋은 디자인은 환경 친화적이다.
- 좋은 디자인은 할 수 있는 한 최소한으로 디자인한다.

사실 무언가를 간단하게 만들기 위해서는 많은 노력이 필요합니다. 먼저 문제를 전체적으로 조망할 수 있는 능력이 필요합니다. 또한 나름대로의 법칙을 통해 문제를 해결해야 하고 이 방법을 다른 사람들에게 쉽게 인식시킬 수 있어야 합니다. 물론 이 모든 것을 제대로 할 수 있으려면 가진바 능력이 출중해야 합니다. 그러나 처음부터 이런 능력을 가질 수 없기에 사람들은 끊임없이 배우고 익힙니다. 가장 많이 활용되는 방법은 바로 '카피'입니다. 다른 사람들의 결과물을 베끼며 장점을 흡수하는 방식이죠.

카피는 짧은 시간에 실력을 큰 폭으로 향상시킬 수 있다는 장점이 있습니다. 선구자가 겪은 시행착오를 생략하고 비교적 수월하게 그의 현재 상태까지 자신의 능력을 끌어올릴 수 있기 때문입니다. 어떤 분야든 능력을 향상시키는데 카피는 필수적인 요소입니다. 피아니스트는 모차르트나 쇼팽이 남긴 고전을 연습하고, 운동선수는 과거에 뛰어난 명성을 지녔던 사람들의 기술을 훈련합니다. 과거를 이해하면서 현재에 내가 가진 능력을 어떻게 사용할 것인지 고민하는 행동은 발전하려면 꼭 지녀야 할 요소입니다.

이런 점에서 중국의 샤오미는 우리에게 많은 것을 시사하고 있습니다. 샤오미는 2010년도에 설립된 중국의 소프트웨어 제조 회사로 현재는 스마트폰 업계 중 3위 자리를 다툴 정도로 급성장했습니다. 샤오미의 핸드폰은 직관적이고 예쁘면서도 가격이 상대적으로 저렴했기 때문에 중국인들로부터 폭발적인 반응을 불러일으켰습니다.

그러나 전문가들은 샤오미가 지금 승승장구하고 있냐는 질문에는 회의적입니다. 그 이유는 그들이 택한 전략에 있습니다. 샤오미가 급성장할 수 있었던 원인은 좋은 기업의 사례를 자신의 것으로 만들기 위해 그들이 쏟은 노력에 있습니다. 샤오미는 애플의 디자인을 참고하고, 판매 전략을 단순화 하면서도 소비자에게 합리적인 가격을 제공하기 위해 필요한 일들을 꾸준히 실행했습니다.

그러나 어느 정도 수준에 올라가면 그 이상의 것을 만들어내기 위해 근본적으로 자신을 돌아보아야 할 때가 옵니다. 카피만 한 사람과 창조적인 사고를 하는 사람의 차이가 생기는 것도 바로 이 시점부터입니다. 비록 샤오미가 패스트 팔로워 전략(Fast Follower: 1등 기업의 장점을 지속적으로 받아들이며 발전하는 방식)을 사용해서 빠르게 성장할 수 있었다 해도 어느 순간부터는 스스로 무언가를 만들어내야 하는 퍼스트 무버(First Mover: 트렌드를 선도하고 새로운 컨셉을 지속적으로 만들어내는 창의적 기업)의 위치에 올라갈 수 밖에 없습니다. 따라 하는 것 밖에 할 수 없다면 기업은 이 순간 큰 타격을 입습니다. 안타깝게도 지금 샤오미는 이런 추세를 쫓아가고 있는 것처럼 보입니다.

조니 아이브가 비록 디터 람스의 디자인을 참고하긴 했지만 그가 디자인 한 애플의 제품은 브라운 사의 상품과 동일한 디자인이라고 보기 어렵습니다. 이는 아이브가 람스의 디자인을 참고하면서도 자신의 철학을 그 가운데 녹여내려 노력했기 때문입니다. 어떤 일을 하는데 있어서 개인의 철학은 무엇보다도 중요한 요소 중 하나입니다. 자신의 정체성을 드러내는데도 중요할 뿐더러 다른 사람들에게 스스로를 인식시키는데도 지대한 역할을 하기 때문입니다. 카피를 할 때 가장 중요하게 생각해야 할 것은 그 사람을 넘어서려는 학습자의 끊임없는 노력입니다. 그렇지 않은 카피는 도둑질이죠. 제품이나 자신의 컨셉을 디자인 하는 것도 어떻게 보면 이런 노력 중 하나라고 할 수 있겠습니다.

교육에 있어서도 이 전략은 동일하게 적용됩니다. 학생들은 다른 사람들의 학습전략을 익히는 행위를 통해 실력을 빠르게 키울 수 있지만 어느 수준 이상으로 가면 성적향상폭이 크게 낮아집니다. 자신에게 맞는 공부법을 찾기 위해 노력해야 하는데 이 때 필요한 능력을 키우는 훈련을 전혀 받지 못했기 때문입니다. 어려운 문제를 발견했을 때 학원 또는 과외 선생님을 찾아서 물어보는 것이 나쁘다고는 볼 수 없지만, 장기적으로 보았을 때는 생각하는 능력을 키울 수 있는 기회가 사라질 가능성이 큽니다. 헤르만 헤세의 표현을 빌리자면 우리는 '알을 깨고 나오려는 새'의 마인드로 모든 일에 집중해야 합니다. 당연히 공부도 이에 포함됩니다.

디터 람스의 디자인 10계명을 응용하여 제 나름대로 교육의 5계명을 세워보면 다음과 같습니다.

- 좋은 교육은 혁신적이다.
- 좋은 교육은 사람을 유용하게 만든다.
- 좋은 교육은 불필요한 관심을 끌지 않는다.
- 좋은 교육은 오래 지속된다.

• 좋은 교육은 아름답다.

이 계명을 지키기 위해 우리가 할 수 있는 일이 무엇인지 생각해봅시다. 우리가 만약 정치적인 능력으로 교육의 전반적인 문제를 바꿀 수 없다면, 제도권의 방식을 받아들이면서도 우리의 인생에 필요한 것이 뭔지 심도 있게 생각해보아야 합니다. 이런 노력을 통해 부모와 아이의 인생이 바뀔 것입니다.

질문과 창의력,
그 상관관계

질문은 사람을 바꾼다

사람은 끊임없이 질문하는 존재입니다. 궁금증을 해결하며 관련된 지식을 습득하고 이를 통해 평생을 살아갈 힘을 얻습니다. 이런 과정이 습관화 된 사람들을 우리는 흔히 천재라고 부릅니다. 천재들은 어렸을 때부터 질문하고 답을 찾는 과정에 익숙해지며 주변 사물이나 인생 전반을 깊이 고민합니다. 그러나 보통 사람들은 시간이 지나면서 '새로운 것'이나 '궁금한 것'보다는 '당연히 그런 것'을 더 많이 찾습니다.

사람이 발전하기 위해 꼭 필요한 질문은 그 자체로 큰 의미가 있습니다. 그러나 한국사회에서는 이상하게 질문을 할 때 체면치레를 많이 합니다. 학교 수업시간에 손을 들고 질문을 하는 모습은 거의 찾아볼 수 없고 혹 그런 사람이 있을 경우에는 이상한 취급을 받습니다. 이런 환경에서는 당연히 누군가가 말하는 것을 수동적으로 받아들일 수밖에 없습니다.

만약 우리가 주변에서 일어나는 일을 당연한 것이라고 여기면 질문은 나오지 않고 지식이 발전하지도 않습니다. 따지고 보면 학교에서 공부하고 있는 것들은 모두 누군가가 관찰하고 정리하여 만들어낸 결과물입니다. 학교에서 실제로 배우는 멘델의 유전법칙 중 우열의 원리와 분리의 법칙을 예로 들어보겠습니다. 우열의 원리는 순종의 대립형질을 교배했을 때 1대에서는 모두 우성형질만 발현된다는 것이고 분리의 법칙은 이 1대의 잡종을 다시 교배하여 얻은 2대의 잡종에서는 4분의 1의 확률로 열성 형질이 분리된다는 것입니다.

이 법칙을 발견하기 위해 멘델은 1856년에서 1863년까지 교배 실험을 하며 29,000여 개의 완두콩에 대한 성질을 정리했습니다. 약 7년 이상의 기간을 완두콩만 바라본 것이죠. 그런데 우리는 학교에서 이 법칙을 아무리 길어도 2주면 다 배웁니다. 사실 학문을 할 때에는 과정이 결과보다 훨씬 더 중요합니다. 결과를 바로 얻는 것보다는 생각과 실험을 통해 부수적으로 얻는 지식이 개인의 발전에 훨씬 더 도움이 되기 때문입니다. 멘델은 해마다 다르게 나타나는 완두콩을 보면서 무슨 생각을 했을까요? 그가 정리한 유전법칙을 배우는 것보다 이 질문에 대한 답을 스스로 찾아보는 것이 훨씬 더 의미 있을 것입니다. 학문을 하면서 가장 중요한 것은 문제의식과 이를 해결하기 위해 노력하는 자세입니다.

질문하지 않는다는 것은 문제의식을 잃어버린 것과 같습니다. 학생들은 공부를 열심히 해야 한다고 해서 그대로 따라하며 좋은 대학에 입학합니다. 대학에 입학하니 선망의 대상이 되는 직장에 들어가려면 1학년 때부터 열심히 스펙을 쌓아야 된다고 해서 스펙을 쌓았는데 그 과정에서 어느 누구도 왜 이렇게 해야 하는지에 대해 말해주지 않았습니다. 만약 이 과정을 겪는 당사자가 앞서 실시한 피나는 노력에도 불구하고 원하는 결과를 얻지 못한다면 상실감이 매우 클 것입니다.

시카고 플랜이라는 고전 독서 프로그램을 통해 시카고 대학교를 세계에 손꼽히는 명문의 반열에 올려놓은 로버트 허친스 총장은 독서를 하며 세 가지 목표를 가질 것을 요구했습니다. 첫 번째는 책에서 자신만의 롤모델을 발견할 것, 두 번째는 자신의 인생을 이끌어갈 가치를 찾을 것,

세 번째는 자신이 발견한 가치에 꿈을 품어야 한다는 것입니다. 학생들은 이 문제를 해결하기 위해 어떻게 해야 했을까요? 인생을 치열하게 고민하고 현자들이 남긴 좋은 책을 읽으며 그 답을 찾았을 것입니다. 이해가 가지 않는 것을 물어보고 토론하며 서로를 이상적인 방향으로 이끌었을테죠.

내 삶을 긍정적인 방향으로 바꾸기 위해서는 좋은 것을 생각하고 받아들이며 이를 끊임없이 실천해야 합니다. 단순히 생각만 하는 것은 큰 의미가 없습니다. 생각을 현실화 시킬 수 있는 힘이 중요하죠. 사람마다 이를 실현하기 위한 방법은 모두 다를 것입니다. 중요한 것은 내가 사용하는 능력이 다른 사람들에게 어떤 도움을 줄 수 있을지 파악하는 일입니다. 우리가 질문하고 공부하는 목적은 반드시 다른 사람들에게 도움이 되는 것을 만드는 일과 관련되어야 합니다.

창의력을 키우기 위한 핵심 솔루션

대학교의 부실한 수업으로 인해 교육에 만족하지 못하는 학생의 비율이 늘어나고 있습니다. 학생들은 교수와 교류를 전혀 할 수 없다는 점과 족보만 보면 만점을 받을 수 있을 정도로 천편일률적인 강의 스타일을 문제점으로 꼽았습니다. 이런 현상이 생기는 원인은 정부의 대학 평가가 교수들의 연구 성과와 취업률에 맞추어져 있기 때문입니다. 학생을 잘 가르치지 못해도 연구 논문을 꾸준히 내면 좋은 점수를 받을 수 있는 것이죠. 외국에서는 이 때문에 교육과 연구 분야의 교수를 분리하는 전략을 활용합니다. 아쉽게도 한국은 교수 한 명이 강의와 연구를 동시에 진행합니다.

　한국교육개발원이 2015년 1월에 발표한 '4년제 대학의 교수·학습 역량 진단' 보고서에 따르면 대학생들의 전공·교양 수업 만족도는 2011년부터 지속적으로 하락한 것으로 나타났습니다. 2014년을 기준으로 하여 전국 62개 대학 4만2,000여명의 학생을 대상으로 조사한 결과 전공 수업의 '전반적인 수업 만족도'에서 '만족한다'고 응답한 비율은 64.3%였습니다. 교양수업에 대해 만족한다는 응답도 2011년 78.8%에서 2014년 54.5%로 급격하게 하락했습니다.

　학생들이 교육에 만족하지 못한다는 응답은 다르게 말하면 학생들이 교육을 통해서 얻고 싶은 무언가가 있다는 뜻입니다. 중학생이나 고등학생이라면 좋은 대학교를 가는데 도움이 되는 팁을 얻고 싶을 것이고 대학생들에게 가장 도움이 되는 것은 취업에 필요한 지식입니다.

　정도는 다르지만 요즘 사회에서는 학생들 모두에게 창의성을 요구합니다. 사실 창의력이 능력이 되고 자산이 된 것은 어제오늘의 일이 아닙니다. 입학사정관제를 비롯한 대학 입시는 물론, 기업체의 신입사원 공채, 산업 현장 등에서 창의적인 인재가 이미 그 진가를 발휘하고 있습니다. 하지만 학생들은 학교에서 배우는 것만으로는 한계가 있다고 말합니다. 그렇다면 창의력을 기르는데 필요한 것에는 무엇이 있을까요?

창의력을 기르기 위해 학습자에게 가장 중요한 것은 독서입니다. 아무것도 모르는 사람이 무언가를 만들어내는 시간과 책으로 공부하며 다양한 사례를 접한 사람이 무언가를 만들어내는 시간은 같을 수 없습니다. 이를 가장 적절하게 나타내는 표현은 뉴턴이 말한 '거인의 어깨' 입니다. 뉴턴은 '내가 성과를 낼 수 있었던 원인은 거인의 어깨에 앉아 더 넓고 멀리 볼 수 있었기 때문이다' 라는 말을 남겼습니다. 책은 우리에게 다양한 방식으로 생각할 수 있도록 돕습니다. 그 중 가장 큰 부분은 바로 생각할 수 있는 재료를 많이 준다는 점입니다.

그러나 이렇게 익힌 지식을 그냥 두면 안 됩니다. 창의적인 사고는 질문으로부터 시작됩니다. 우리의 머리에는 무수한 정보와 개념이 가득 차 있습니다. 그러나 사람들 대부분은 그 개념을 갖고만 있습니다. 실제 삶에서 활용할 수 있어야 하는데도 그러지 못하는 것이죠. 저는 이 물고를 트는 열쇠가 질문이라고 생각합니다. 질문을 해결하는 과정을 통해서 쌓은 지식이 더 견고해집니다. 또한 개인의 성향에 따라 향후 나아가야 할 방향을 결정하기도 합니다.

질문을 하기 위해서는 학습자가 배움에 대한 열정을 갖추고 삶을 긍정적인 자세로 바라보며 실수를 두려워하지 말아야 합니다. 우리 주변에는 창의력을 저해하는 요인이 많습니다. 실수를 인정하지 않는 사회 분위기와 경쟁을 강요하는 교육 시스템, 다양성을 인정하지 않고 하나의 길만 고집하는 기성세대 등이 대표적인 예입니다. 이런 상황에서 스스로의 꿈을 온전히 지켜나가는 일은 생각보다 쉽지 않습니다. 나에게는 소중한 것이지만 다른 사람들은 하찮은 것이라 생각하기 때문입니다. 이런 상황에서 실수를 두려워하지 않고 긍정적인 마음가짐을 유지하려면 기본적으로 자신을 사랑하는 마음이 있어야 합니다.

하지만 무엇보다도 학생들에게 중요한 것은 인성입니다. 우리가 지식을 익히는 이유는 배운 바를 활용하면서 사회에 보탬이 되기 위해서입니다. 사람으로서 갖추어야 할 부분을 갖추지 않은 채 지식을 익히고 창의력을 기르는 것은 오히려 하지 않는 것만 못합니다. 이는 창의적인 능력이 사회를 발전시키는데 활용될 수도 있지만 반대로 사람들을 속이는 도구로 쓰일 수도 있기 때문입니다. 공자의 사단(四端)이든, 노자의 도(道)든 자신을 수양하고 주변 사람들에게 유익함을 줄 수 있는 것이라면 마땅히 배움은 그곳에서부터 시작되어야 합니다.

사교육에 모든 것을 맡기지 말자

2015년 1월 19일 국회에서 열린 수능 간담회에 참석했던 한 학생이 한 말입니다. 이 학생의 말처럼 한국 교육이 바뀌어야 한다는 지적은 어제 오늘 일이 아닙니다. 학생들은 고등학교에 진학하면 수능을 잘 보기 위한 다양한 테크닉을 익힙니다. 이런 유형의 문제는 이런 방식으로 접근해야 한다는 류의 수업을 3년 동안 받고 시험을 치르죠.

간담회에서는 이 의견을 제외하고도 현실을 통렬하게 비판하는 다양한 이야기가 쏟아져 나왔습니다. 가치관과 사고방식에 따라 다양한 해석이 가능한 문학작품을 정답이라고 정해놓고 주입식으로 교육한다는 의견이 나오기도 하고, 인문학의 중요성을 강조하면서도 시험에 도움이 되지 않기 때문에 책을 읽는 시간을 제한하는 학교의 이중적인 태도를 비판하기도 했습니다. 원하는 과에서 선호하는 분야에 맞추기 위해 자신의 꿈을 바꾸고 포트폴리오를 짜 맞추는 형식적인 입시전형을 언급하는 학생도 있었습니다.

수능을 포함한 대부분의 교육이 갖는 가장 큰 맹점은 주어진 교과에 따라 축적된 지식을 그대로 주입하는 것입니다. 이런 학습방식은 사람의 지능 중 일부만을 발전시킬 수 있습니다. 바로 암기력이죠. 그러나 요즘 시대가 요구하는 것은 암기를 얼마나 잘하느냐 보다는 다양한 정보 속에서 패턴을 분석하고 이 가운데 창의적인 아이디어를 발견한 뒤 이를 현실화시키는 능력입니다. 이 능력은 오직 사람에게만 있습니다. 우리가 일을 할 때 큰 도움을 받는 컴퓨터에도 이런 능력이 없죠.

컴퓨터는 단순 연산이나 주어진 과제를 수행하는 데는 훌륭하지만 스스로 생각하는 면에서는 매우 취약합니다. 예를 들어 복잡한 계산을 컴퓨터에게 맡기면 아주 짧은 시간에 정확한 결과를 만들어내지만 개와 고양이를 구분하는 일은 하지 못합니다. 그 이유는 컴퓨터와 사람의 사고방식이 다르기 때문입니다. 그렇기 때문에 컴퓨터 과학자들은 예전부터 오랫동안 컴퓨터가 사람의 사고방식을 이해하고 사용할 수 있도록 부단한 노력을 기울였습니다. 그 결과중 하나로 이야기할 수 있는 것이 바로 딥 러닝(Deep Learning) 입니다.

딥 러닝은 컴퓨터 네트워크가 스스로 학습하는 시스템을 기반으로 합니다. 그 목적은 데이터를 분석하며 패턴을 인식하는 사람의 뇌구조를 모방하는 것입니다. 앞서 말씀드렸던 정보를 분석하는 방식과 비슷합니다. 바이두의 앤드류 엔지 박사는 유튜브에 올라와 있는 1000만 개 이상의 비디오 중 1만 6000개의 컴퓨터 프로세서와 10억 개 이상의 네트워크 조합을 이용해 고양이와 관련된 다양한 동영상을 찾아낸 뒤 이 데이터를 활용하여 컴퓨터가 영상에 등장한 고양이의 생김새 자체를 인식할 수 있도록 했습니다. 패턴을 조합하여 사물의 특징을 스스로 생각할 수 있게 된 것입니다.

이렇게 조금씩 발전하는 인공지능이 사람보다 뛰어날 수 있을까요? 이것이 가능한지의 여부는 과학자들이 판단할 문제이기 때문에 여기서 자세히 논할 필요는 없습니다. 하지만 꼭 마음 속에 새겨야 할 부분이 있

습니다. 우리가 인공지능보다 어떤 점에서 뛰어날 수 있는가 하는 부분
입니다. 이제는 단순한 업무만 가지고는 세상에서 살아남을 수 없습니
다. 컴퓨터나 기계의 효율이 훨씬 더 좋기 때문입니다. 찢어진 청바지 옷
차림으로 유명한 뇌 과학 전문가 김대식 한국과학기술원(KAIST) 교수가
제시한 IBM의 사례는 우리에게 많은 것을 시사합니다.

"암 관련 논문이 전 세계에서 30초에 한 권씩 나옵니다. 최고 전문가도 다 알 수
없는 엄청난 분량이죠. IBM은 암 관련 논문 몇 백 년 치를 인공지능 슈퍼컴 '왓슨'
에 입력했습니다. 단 몇 시간 만에 '새 단백질 12개를 찾아보라'는 결과를 내놨습
니다. '이건 왜 아직 한 번도 안 봤나?'라는 메시지를 보내온 거죠. 미국 존 홉킨스
의과대학이 이를 찾아봤더니 놀랍게도 9개 정도는 아직 인간이 발견하지 못한 중
요한 단백질이었다고 합니다."

우리가 이 사례를 통해 가장 먼저 생각할 수 있는 것은 조만간 리서치
연구원들이 실업자가 될 수도 있겠다는 점입니다. 누군가 할 수 있는 일
을 내가 하고 있다고 해서 경쟁력이 올라가는 것은 아닙니다. 게다가 컴
퓨터를 활용하면 더 저렴한 비용으로 높은 효율을 얻을 수 있습니다. 효
율성을 추구하는 자본주의의 논리를 막을 수 있는 사람은 없죠.

이런 지적은 오래 전부터 있었습니다. 제레미 리프킨이 쓴 '노동의 종
말'이 대표적입니다. 리프킨은 책에서 "노동 없는 세계는 과학자, 엔지
니어, 기업주들에게는 고되고 정신 없는 반복적인 작업으로부터 인간이
해방되는 역사상 새로운 시대의 시작을 의미하는 것일 수 있다. 동시에
다른 사람들에게는 대량 실업, 전 세계적인 빈곤, 사회적 불안과 격변이

라는 우울한 미래로 비칠 수도 있다. 그러나 대다수 사람들의 의견이 일치하는 지점이 있다. 그것은 제조와 서비스 제공 과정에 있어서 기계가 인간 노동을 대체하는 새로운 시대가 시작된다는 것이다." 라고 말하며 사람의 주체적인 사고 능력을 강조했습니다.

학교에는 지식을 어떤 식으로 조합하고 판단해야 하는지 배우지 않습니다. 지식을 조합하고 판단하는 과정은 창의력과 밀접한 관련이 있습니다. 이런 이유 때문에 학생들은 공부를 열심히 하는데도 불구하고 창의적인 능력을 발휘하지 못합니다. 사교육이라고 해서 이 비판에서 자유로운 것은 아닙니다. 공교육이나 사교육 모두 가장 많이 하는 것은 유형분석 및 문제풀이니까요.

교육은 궁극적으로 기계가 하지 못하는 것을 하는 방향으로 나아가야 합니다. 사실 이런 교육은 누가 가르쳐서 되는 것이 아닙니다. 스스로 깨닫고 필요한 것을 찾아나가는 능동적인 방식만이 학생의 창의력을 향상시킬 수 있습니다. 이렇게 올바른 습관을 들인 학생이라면 대부분 학교에서도 좋은 성적을 냅니다. 차로 비교하자면 이렇습니다. 스스로 무언가를 만들어가는 학생은 자신에게 있던 세발자전거를 벤츠로 조금씩 개조해 나가는 과정에 있고, 사교육에 물든 학생들은 세발자전거를 대학교 졸업할 때까지 타고 가는 상황에 처합니다. 여기서 자동차는 우리의 기본적인 학습능력입니다. 공부에 필요한 학습능력을 향상시키지 않고 요령만 배우는 공부는 언젠간 무너지게 되어있습니다.

학생들은 어떻게 자라나야 하는가?

우리는 아이의 자유를
보장하고 있는가?

우리의 아이들이 자유로운 환경에서 공부하고 있을 것이라고 생각하는 학부모는 거의 없습니다. 아마 이 질문에 긍정적인 대답을 할 수 있다면 아마 자녀들은 대안학교에 다니거나 홈 스쿨링을 하고 있을 것입니다. 아직까지 한국의 교육은 자유로운 분위기보다는 규율에 맞춰져 진행되는 성향이 짙습니다.

그러나 저는 이런 교육 형태가 장기적으로는 아이들에게 좋은 영향을 미칠 수 있을 것이라고 생각하지 않습니다. 이유는 간단합니다. 학생의 성격과 선호도가 모두 제각각이기 때문입니다. 당연히 이런 성향은 하나의 교육 방법으로는 잡아줄 수 없습니다.

군대는 이런 현상이 가장 빈번하게 발생하는 곳으로써 다양한 무용담의 출처가 됩니다. 일반적으로 군대를 안간 여성들은 이곳이 힘든 이유를 고된 훈련이라고 생각하지만 이는 사실과 다릅니다. 군대가 진짜 힘든 이유는 상부의 명령에 따르며 내 생각을 죽여야 하는 군인으로서의 숙명과 사랑하는 사람을 원할 때 만나지 못한다는 상황이 복합적으로 충돌하기 때문에 생깁니다. 군대에서 병사를 지휘하고 결정을 내릴 수 있는 사람은 상급자입니다. 하급자의 개인적인 판단보다는 상급자의 명령이 우선시됩니다. 만약 이런 상황에서 상급자가 제대로 된 판단을 할 수 있는 능력을 잃어버린다면 집단은 빠른 속도로 그 영향력을 상실합니다. 그렇기 때문에 군대에서는 간부의 역할이 무엇보다도 중요합니다.

이와 비슷한 이야기를 담고 있는 소설도 있습니다. 바로 1998년 노벨문학상을 수상한 주제 사라마구가 쓴 '눈먼자들의 도시' 입니다. 이 소설은 어느 순간 시력을 잃어버리는 전염병이 돈 마을을 배경으로 사람들이 어떤 행동을 하는지 그리고 전염병에서 벗어난 사람들로부터 볼 수 있는 인간의 본성은 무엇인지 등을 생생한 문체로 담아내고 있습니다.

이 소설에서 주목해야 할 집단은 크게 두 가지로 눈을 뜬 사람과 눈이 먼 사람입니다. 눈이 먼 사람은 주변 사물을 보지 못하기 때문에 외부환경의 변화에 취약합니다. 열심히 걷는다고 해서 좋은 결과가 나오지도 않습니다. 자동차 사고로 생명을 잃을 수도 있고, 소매치기를 당할 가능성도 높습니다.

반대로 눈을 뜬 사람들의 행동반경은 상대적으로 넓은 편입니다. 눈이 먼 사람들이 하지 못하는 것을 할 수 있기 때문에 판을 유리하게 짤 수 있기 때문입니다. 당연히 가져가는 이득도 큽니다. 소설에서는 안타깝게도 자신을 보호하려는 이기심 때문에 눈을 뜬 사람들이 그렇지 못한 사람들을 닥치는 대로 죽입니다. 자신에게 유리한 거짓말을 하며 다른 사람을 매도하는 것도 상대적으로 쉬운 편입니다. 눈을 보지 못하는 사람은 그들의 말을 믿고 따라 갈 수 밖에 없죠.

그러나 거짓말이 나쁜 사례에만 활용되는 것은 아닙니다. 가난하고 잘 생기지 않은(오히려 뚱뚱한) 벨리슨이 아파트 월세를 갚지 못하는 상황에서 시작되는 영화인 '거짓말의 발명(The Invention of Lying)'이 이를 잘 나타내고 있습니다. 이 영화가 재미있는 이유는 세상에서 거짓말을 할 수 있는 유일한 인물이 주인공인 벨리슨이었다는데 있습니다. 예를 들면 이렇습니다. 누군가가 애인에게 '나 예뻐?' 라고 물으면 '아니 네가 뚱뚱해서 그 옷 별로야' 라는 아주 솔직한 이야기를 하는 식이죠. 이런 상황에서 혼자만 거짓말을 할 수 있다면 어떤 일이 벌어질까요?

통장에 월세를 낼 수 있는 잔고가 없어 방에서 쫓겨나야 할 위기에 처한 주인공은 은행 전산 시스템이 다운된 틈을 타 은행 직원에게 자신의 계좌에 800달러가 있다고 거짓말을 합니다. 은행 직원은 기계의 실수라고 생각하고 800달러를 주인공에게 입금해주죠. 세상에서 자신만이 거짓말을 할 수 있다는 사실을 알게 된 주인공은 이후 세상을 마음대로 주무르기 시작합니다. 카지노에서 거짓말로 큰 돈을 벌고, 시나리오 작가로도 크게 성공합니다. 임종에 처한 어머니에게 사후 세계는 평안할 것이라고 거짓말을 한 사실이 언론에 알려지면서 엄청난 유명인사가 되기도 하죠.

그러나 그가 자신의 영달만을 위해 거짓말을 한 것은 아닙니다. 자살을 시도하는 이웃에게 희망을 주기도 하고 집을 잃은 사람에게 돈을 주며 세상을 살아갈 용기를 불어넣어주기도 했던 것이죠. 또한 자신이 사랑하는 여인이 못생기고 뚱뚱한 주인공의 유전코드로 인해 나오게 될 2세를 걱정한다는 말을 듣고 그녀를 위해 사랑을 포기하는 순정남의 모습을 보이기도 합니다.

만약 거짓말이 단순히 사람을 속이는 용도밖에 없다면 우리는 거짓말을 하지 말아야 합니다. 그러나 저는 거짓말을 어떻게 하느냐에 따라 사람의 마음을 따뜻하게 만드는 도구로 사용될 수도 있다고 생각합니다(물론 그렇다고 해서 무조건 거짓말을 해야 한다고 생각하는 것은 아닙니다). 그러나 만약 모든 사람들이 거짓말을 한다면 상황은 좀 달라질 것입니다. 이 상황 이라면 스스로의 미래를 지킬 수 있도록 많은 노력을 기울여야 합니다.

제가 이 글을 통해 소설과 영화의 내용을 말씀드린 이유는 이 두 가지를 관통하는 키워드인 '억압된 상황에서 자유를 누리는 사람이 얻는 반사이득' 때문입니다. 앞서 보았던 대로 무언가 억압된 상황 하에서는 자유가 있는 사람의 선택에 따라 사람이 죽기도 하고 살기도 합니다. 그러나 이 가운데서 지켜보아야 할 점이 있습니다. 사람들이 자유롭게 행동하면서 인생이 다양하게 바뀐다는 것입니다. 기득권층이 어떤 방식으로든 자유를 억압하는 가장 큰 이유는 자유 속에서 새로운 무언가가 태어나는 걸 두려워하기 때문입니다. 이전까지는 계량화 된 사회에서 주어진 일에 만족하며 사는 것이 중요했지만 지금은 그렇지 않습니다. 오히려 사람들은 계량화 된 사회에서 자신에게 주어진 능력을 어떻게 하면 창의적으로 잘 발휘할 수 있을까를 더 중요하게 생각합니다. 수차례의 경제 위기를 겪으면서 미래를 미리 준비하지 않으면 안 된다는 생각이 자리 잡게 된 탓입니다. 의외의 변수에 대응하려면 스스로 인생을 개척할 수 있는 능력이 무엇보다도 중요합니다.

안타깝게도 저는 한국의 교육 환경에서는 아이들이 자유에 대해 고민하기가 상대적으로 매우 어렵다고 생각합니다. 우리가 공부를 하면서 듣는 말은 '대학교 갈 때 까지만 참아' 입니다. 하지만 대학교에 입학해도 이전과 별반 다르지 않다는 사실에 쉽게 낙담합니다. 대학에 입학해서 혹은 취업 전후에야 앞으로의 현실을 진단할 수 있습니다. 기성세대의 어른이라면 아이들에게 이런 상황을 정확하게 설명하고 미리 대비할 수 있도록 도와주는 자세를 지녀야 합니다. 그 과정이 힘들지라도 적어도 아이들에게는 앞으로 보내게 될 삶에 대한 부분을 알아야 할 권리가 있습니다.

자유의 정확한 정의는 '내가 하고 싶은 일을 하면서 다른 사람들의 권리를 침해하지 않는 것'입니다. 창조적인 사람은 누가 시키지 않아도 자신의 일을 알아서 잘 합니다. 우리 아이라고 해서 그런 사람이 되지 말라는 법은 없습니다. 아이의 개성을 존중하고 꿈을 응원하며, 아이가 좋아하는 일에 몰입할 수 있도록 환경을 마련해주면 아이 스스로 변하게 되어있습니다. 하지만 이를 믿고 실천하기란 생각만큼 쉽지 않습니다. 한국에서 창의적인 아이들이 나오기 어려운 데는 이런 사회적인 환경도 큰 부분을 차지합니다. 생각해 볼 필요가 있는 문제입니다.

교육은
주입식 기억이 아니다

교육이 외부로부터 주입되는 것인지 또는 내부로부터 나오는 것인지에 대한 문제는 사실 교육 전문가들도 풀기 어렵습니다. 동양에서 교육이란 말은 원래 맹자의 '득천하영재이교육지(得天下英才而教育之)'라는 말에서 유래했습니다. 이 말은 '천하의 영재를 모아 교육한다'라는 의미로 각 한자의 기원을 살펴보면 '가르칠 교(教)'자는 회초리로 아이를 배우게 한다는 뜻이고, '기를 육(育)'자는 갓 태어난 아이를 기른다는 뜻입니다. 이 사례를 통해 내릴 수 있는 결론은 '동양사람들은 교육을 외부에서 주입하는 것이라고 생각한다'입니다.

그러나 서양에서는 이 의견을 정면으로 반박합니다. 영어의 'education', 독일어의 'Erziehung', 프랑스어의 'education'은 모두 라틴어 educare 또는 educatio에서 유래하였습니다. 라틴어 educare는 '양육한다'라는 의미로, 이는 능력을 끌어낸다는 뜻의 educere, 지도한다는 뜻의 ducere와 관련이 있죠. 즉, 서양에서는 교육을 '학생 내부의 선천적 능력을 밖으로 꺼내 기르는 것'이라고 판단했습니다.

만약 사람들이 제게 둘 중 어느 것이 옳은지에 대한 의견을 묻는다면 저는 '교육은 내부에 있는 무언가를 끌어들이기 위한 과정이다'라는 서양의 견해를 지지한다고 말하고 싶습니다. 그 이유는 지식은 외부에서 배울 수 있지만 이를 생활에 적용하기 위해서는 어찌됐든 스스로 생각하는 과정이 필요하기 때문입니다. 자신이 가지고 있는 것을 바탕으로 내가 할 수 있는 것을 직접 판단해야 하죠.

심지어 동양 문화권에 속했던 우리의 옛 교육에서도 이런 상황은 자주 발생했습니다. 조선시대의 서당을 떠올려봅시다. 가장 먼저 아이들이 하는 것은 글을 낭송하고 반복하여 책의 내용을 송두리째 암기하는 일입니다. 이 때 아이들은 글의 내용을 정확하게 깨우치지 못합니다. 이 시점까지는 서당 선생님의 교육방식이 그다지 효율적이지 않아 보입니다.

그러나 이렇게 외운글의 양이 늘어나면서 아이들의 머릿속에는 점차 다른 생각이 자리잡습니다. 경전의 내용을 자신의 경험에 빗대어 생각하기도 하고 정치적인 상황에 맞추어 보기도 합니다. 이 문제를 진지하게 철학적으로 생각하여 독창적인 사고체계를 완성하는 사람도 있죠. '자기통제의 승부사, 사마의'의 저자인 자오위핑은 이 사례를 이솝우화의 여우에 빗대어 설명하고 있습니다. 그가 말하는 여우의 사례는 다음과 같습니다.

나무에 열려있는 포도를 열심히 먹으려 시도했지만 목적을 달성하지 못했던 여우는 이후 다양한 전략을 수립하고 실천했습니다. '캥거루의 높이뛰기 학원'에 등록한 뒤 다리 근육을 강화하고, '박쥐의 비행학원'을 다니며 공중에서 몸을 조정하는 방법도 배웠죠.

열심히 노력한 여우는 이정도면 포도를 먹을 수 있겠다고 생각하지만 번번이 쓴 잔을 마십니다. '왜 나는 포도를 먹지 못하는 것일까? 왜 저 포도는 맛있게 보이는 것일까?'와 같은 의문이 생겨났습니다. 그러던 중 이를 깊이 살펴보면 무언가가 나올 것 같다는 생각이 여우의 머릿속을 스쳐 지나갔습니다. 끊임없이 고민하고 연구한 결과 여우는 '미의 본질과 미의 실현 불가능성에 대하여'라는 논문을 쓴 뒤 철학자로 변신합니다. 그럼에도 불구하고 포도에 대한 미련을 버리지 못했던 여우는 포도를 토마토처럼 땅에서부터 키울 생각을 하고 연구를 한 뒤 '포도의 관목형 재배기술에 관하여'라는 논문으로 UN 농업기술상을 수상합니다. 철학자이자 식물학자로 변신한 것이지요.

어떤 지식이 갖는 진정한 의미를 깨우치기 위해서 필요한 것은 '학습자의 온전한 생각'입니다. 생각을 하지 않고 받아들이는 지식은 오히려 아무것도 배우지 않는 것보다 못합니다. 그렇기 때문에 우리는 스스로 생각하는데 도움이 되는 일을 하며 사고력을 향상시켜야 합니다. 많은 것을 보고 경험하며 이를 자신이 알고 있는 것과 끊임없이 비교하는 과정을 통해 사람들은 성장합니다. 애석하게도 현행 교육 시스템으로는 이 조건을 충족시키기가 쉽지 않습니다.

우리는 '교육을 통해 우리와 우리의 아이들이 무엇을 할 수 있는지' 깊이 생각해야 합니다. 단순히 문제를 풀고 좋은 성적을 만들어내는 과정이 교육의 전부라면 이는 매우 슬픈 일입니다. 교육은 주입식 기억이 아닙니다. 앞서 언급되었던 헨리 포드의 사례를 떠올려 봅시다. 유능한 부하가 열심히 공부해서 익힌 지식을 포드는 전화 한 통화로 아주 쉽게 훔칠 수 있습니다. 우리가 고민해야 할 부분도 이와 무관하지 않습니다. 가장 중요한 것은 배운 내용을 어떻게 하면 제대로 활용할 수 있을지 고민하는 일입니다.

아이들은 어떤 목적을
갖고 공부하는가?

사람들이 하는 일은 여러 종류로 나뉩니다. 나누는 방법은 기준에 따라 다양합니다. 그 중 하나의 기준으로 일을 나눈다면 저는 좋아하는 일과 좋아하지 않는 일로 나누고 싶습니다. 만약 세상에 있는 모든 사람들이 자신이 좋아하는 분야에서 일을 하고 있다면 행복하겠지만 현실은 이상과는 많이 다릅니다. 사람들은 삶을 유지하기 위해 어떤 일이든 해야 하죠.

일에서 성공하는데 가장 필요한 것은 무엇일까요? 랄프 왈도 에머슨은 '열정 없이는 어떤 것도 성취되지 않는다' 는 말을 남겼습니다. 물론 열정 이외에도 많은 것들이 필요합니다. 그 중 중요한 요소로 사람들이 꼽는 것은 명확한 목표의식입니다. 내가 원하는 바를 확실하게 설정하고 이를 달성하기 위한 수단을 구체적으로 기획하여 하루하루 실행하는 것이죠. 애석하게도 우리들 대부분은 이런 목적의식이 없습니다. 그렇기 때문에 일을 반복적으로 하긴 하지만 그게 큰 의미로 다가오지는 않습니다.

사람은 내가 세상에서 이루고자 하는 목적이나 좋아하는 분야가 생겼을 때 극도의 잠재력을 발휘합니다. 만화가 이현세가 그 대표적인 예입니다. 그는 공포의 외인구단, 천국의 신화, 지옥의 링, 아마게돈 등의 명작을 남긴 인물로 사단법인 한국만화가협회 회장을 거쳐 현재는 한국만화영상진흥원 이사장과 세종대학교 만화애니메이션학과 교수라는 두 가지 직분을 동시에 감당하고 있습니다. 만화계의 살아있는 전설이라고나 할까요?

그러나 그가 만화를 그리기로 결심했던 1970년대의 사람들이 만화를 바라보는 시선은 싸늘했습니다. 사람들은 만화가를 '사람을 망치는 독'을 생산하는 사람으로 인식했죠. 그럼에도 불구하고 그가 이토록 노력할 수 있었던 이유는 단 하나 '만화를 사랑하는 열정'이었습니다. 자신보다 뛰어난 수많은 천재들을 만났음에도 불구하고 그가 끝까지 살아남을 수 있었던 이유는 아마 다른 누구보다도 자신이 하는 일을 소중하게 여기며 끊임없이 노력했던 점에 있을 것입니다. 실제로도 그는 인터뷰를 통해 자신의 신조를 '하루하루 최선을 다해서 사는 것'이라고 수 차례 강조했습니다. 우리는 이 내용을 그가 남긴 글인 '천재와 싸워 이기는 법'에서 확인할 수 있습니다. 간단하게 요약하면 다음과 같습니다.

"자신의 분야에서 추월할 수 없는 천재를 만난다는 것은 끔찍하고 잔인한 일이다. 어릴 때 동네에서 그림에 대한 신동이 되고, 학교에서 만화에 대한 재능을 인정받아 만화계에 입문해서 동료들을 만났을 때, 내 재능은 도토리 키 재기라는 것을 알았다. 그리고 그 동료 중에 섞여있는 천재를 만났다. 나는 불면증에 시달릴 정도로 매일매일 날밤을 새우다시피 그림을 그리며 살았다. 하지만 그 친구는 한 달 내내 술만 마시고 있다가도 며칠 휘갈겨서 가져오는 원고로 내 노력을 휴지조각으로 만들어 버렸다."

천재 친구 덕분에 휴지조각이 된 자신의 원고를 바라보는 심정은 어땠을까요? 무엇보다도 가장 많이 느꼈을 감정은 자괴감이었을 것입니다. 아마 그 뿐만 아니라 우리 모두가 비슷한 심정일 것입니다. 이런 상황에서 우리는 어떻게 해야 할까요? 만화가 이현세는 다음과 같이 말합니다.

"새 학기가 열리면 나는 이 천재들과 싸워서 이기는 방법을 학생들에게 꼭 강의한다. 그것은 천재들과 절대로 정면승부를 하지 말라는 것이다. 천재를 만나면 먼저 보내주는 것이 상책이다. 천재를 먼저 보내놓고 10년이든 20년이든 자신이 할 수 있다는 생각으로 하루하루를 꾸준히 걷다 보면 어느 날 멈춰버린 그 천재를 추월해서 지나가는 자신을 보게 된다. 산다는 것은 긴긴 세월에 걸쳐 하는 장거리 승부이지 절대로 단거리 승부가 아니다. 만화를 지망하는 학생들은 그림을 잘 그리고 싶어한다. 그렇다면 매일매일 스케치북을 들고 10장의 크로키를 하면 된다. 1년이면 3,500장을 그리게 되고 10년이면 3만 5,000장의 포즈를 잡게 된다. 그 속에는 온갖 인간의 자세와 패션과 풍경이 있다."

우리가 꾸준하게 무언가에 몰입할 수 있는 이유는 좋아하는 감정과 이 일을 통해 내가 이루고자 하는 목적이 있기 때문입니다. 만약에 이 목적이 남들과의 비교가치로 인해 생기는 것이라면 주변의 천재는 우리에게 큰 스트레스를 주지만, 그렇지 않다면 스쳐 지나가는 바람처럼 큰 영향을 주지 못합니다. 내 능력이 천재에 미치지 못함을 알면서도 그 일에 몰두하는 사람의 특징은 경쟁이 아닌 다른 요소를 통해 즐거움을 찾을 수 있다는 것입니다. 이는 사람을 움직이는 원동력이자 창의적인 사고의 시작점이기도 합니다.

만약 특정인이 자신의 공부방식과 이현세의 경험 사이에서 많은 공통점을 뽑아낼 수 있다면 그는 아마 진정으로 공부를 즐기고 있을 것입니다. 사명감이 있다면 미래의 행복을 위해 현재의 고통을 참아낼 수 있습니다. 그러나 이 과정을 고통으로 생각하지 않고 즐거움으로 인식하는 사람들은 우리가 생각하는 것보다 훨씬 더 뛰어난 성과를 낼 수 있습니다. 관련 법이 개정되면서 지금은 거의 사라졌지만 예전에는 외국 드라마나 애니메이션의 자막을 직접 만들어 공유하는 사람들이 많았습니다. 자막을 만드는 일을 놀이로 생각하고 즐긴 것이죠. 이들은 영상물 자체를 즐기기 때문에 나오는 대사를 모두 암기하고 따라 합니다. 당연히 그들은 뛰어난 외국어 능력을 갖추게 됩니다. 시험성적을 위해 외국어를 공부하는 사람과는 근본적으로 언어를 바라보는 시선이 달랐기 때문입니다.

제 주변에도 이런 사례는 많습니다. 대학시절 활동했던 교내 록밴드의 영향인지는 몰라도 저는 주변의 사람들로부터 기타를 가르쳐 달라는 부탁을 많이 받는 편입니다. 이들은 정말 좋아서 배우려는 사람들과 나도 할 수 있을 것 같다는 호기심에 시작하는 사람들로 나뉩니다. 그런데 이 경우 후자는 악기를 배우는 기간이 그리 길지 않습니다. 그 이유는 악기를 배우는 과정이 고되기 때문입니다. 처음 기타를 배울 때는 굳은살이 박혀있지 않기 때문에 손가락 끝이 찢어지는 것처럼 아픕니다. 진정으로 악기를 좋아하고 꾸준히 이에 몰입하는 사람만이 실력을 향상시킬 수 있죠. 정말 좋아하면 아픈 것에 신경쓸 겨를이 없습니다. 하나라도 더 연습하기 바쁠테니까요.

즐길 수 없는 공부는 생명력이 짧습니다. 물론 목표를 갖고 괴로움을 견디며 미래의 꿈을 향해 도전하는 태도는 살아가는데 꼭 필요한 요소입니다. 그러나 그 가운데서 공부하는 사람이 즐겁지 않다면 삶이 행복하지 않을 것입니다. 공부하는 학생들을 한 번 바라봅시다. 그들은 즐거울까요? 아니면 어쩔 수 없이 공부하는 것일까요? 우리는 이 문제를 아이들이 어떤 목적을 갖고 공부를 하는지보다 훨씬 더 중요하게 생각해야 합니다. 목적은 그 다음이죠. 아이들은 자신이 즐거움을 느끼면서도 이를 삶에서 꼭 필요한 요소로 만들어낼 수 있어야 합니다. 가장 이상적인 것은 이를 의식하지 않았는데도 열심히 한 결과로 성공을 만들어내는 경우입니다. 우리 주변에 있는 친구들이 이런 목적을 가질 수 있도록 노력해보는 것은 어떨까요? 먼저 나부터 그런 자세를 가지게 된다면 주변에 있는 사람들은 자연스럽게 내 모습을 보고 삶을 살아가는 자세를 배울 것입니다. 이현세는 이런 자세를 다음과 같은 말로 요약했습니다.

"나 같은 사람은 그저 잠들기 전에 한 장의 그림만 더 그리면 된다. 해 지기 전에 딱 한 걸음만 더 걷다 보면 어느 날 내 자신이 바라던 모습과 만나게 될 것이다. 그것이 정상이든, 산중턱이든 내가 원하는 것은 내가 바라던 만큼만 있으면 되는 것이다."

타이거 마더는 옳은가?

　2011년 3월 말에 출간된 한 서적 때문에 전 교육계가 발칵 뒤집히는 사건이 발생했습니다. 책의 이름은 '타이거 마더'. 미국 예일대법대 교수인 에이미 추아 교수의 작품입니다. 책의 제목에서 말하는 바와 같이 그녀는 호랑이 같이 엄한 부모가 아이를 잘 키울 수 있다고 주장합니다. 아이의 공부계획을 부모가 하나하나 세우고 실천하도록 도우며 말을 듣지 않으면 엄하게 지도해서라도 아이에게 주어진 것을 하도록 만든다는 내용도 함께 수록되어 있죠.

　타이거 마더는 출간되자마자 격렬한 논쟁을 불러일으켰습니다. 최고의 교육법이라고 극찬하는 사람도 있었지만 대부분 부정적인 내용이었습니다. 자녀를 인격적으로 대하지 않고 짐승을 학대하는 것처럼 키웠다는 이유에서였습니다. 한 독자는 타이거 마더를 읽고는 서가에 보관할 가치가 없다며 서류 파쇄기에 책을 갈아버린 뒤 이를 박스에 곱게 포장해서 추아 교수에게 보내기도 했습니다. 이토록 강도 높은 비판을 받은 이유는 아마도 아이의 개성과 인격을 존중하는 서양 사회에서 이 책이 처음으로 선보였기 때문이라고 생각합니다.

　이토록 강경하게 그녀가 아이를 통제해야 한다고 주장한 이유는 '애들은 스스로 공부하지 않는다'는 말로 압축됩니다. 그녀는 기본적으로 동양과 서양에서 바라보는 교육에는 차이가 있다고 말합니다. 그녀가 인식하는 동양의 엄마들은 아이의 학교 성적을 부모의 성적표라고 여기고 아이가 성장하려면 창피함이나 모욕감을 이겨내야만 한다고 생각합니다. 반면 그녀는 서양의 엄마들이 아이에게 학교 성적이 중요하다고 강조하지 않으며 자녀의 자존심을 생각하여 평범한 성적을 가져와도 칭찬하는 경향이 있다고 말했습니다.

두 입장 중 어느 쪽이 옳은 것인지에 대해서는 각자마다 생각이 다를 것입니다. 고심 끝에 그녀가 선택했던 것은 동양식 교육관이었습니다. 엄하게 지도하며 자녀가 많은 것을 연습할 수 있도록 돕는 것이 해당 교육의 핵심이었죠. 사실 그녀가 이런 선택을 하게 된 데는 그녀의 아버지로부터 받은 영향도 무시할 수 없습니다. 추아 교수의 아버지 역시 그녀를 엄하게 지도했습니다. 일례로 그녀가 2등을 한 시험성적표를 가져가자 아버지는 '내게 이런 수치심을 느끼지 말게 해달라' 라는 말로 그녀의 마음을 아프게 했습니다.

안타깝게도 이런 교육전략은 아이들이 실천하기에는 상당히 어렵습니다. 타이거 마더에서 언급된 자녀들의 교육과정은 매우 혹독합니다. 곱셈 빨리하기 시합에서 2등을 한 딸의 성적을 올리기 위해 날마다 초시계를 들고 시험 전까지 매일 2000문제씩 풀게 하여 결국 1등을 만들어낸 사례나 휴가 중에도 레슨을 받고 있던 바이올린과 피아노를 연습시키며 자녀들의 집중력을 높이려 노력했다는 이야기는 우리의 상식으로는 쉽게 납득하기 어렵습니다. 이 사례를 접한 전문가들은 아이의 꿈과 흥미를 고려하지 않은 공부방식은 오래 가지 못할 것이라고 염려했습니다.

예상대로 그녀의 집에서도 이런 일이 발생했습니다. 둘째 딸인 루루가 틀에 짜인 엄격한 과정을 견디지 못하고 엄마와 가족을 포함한 자신의 인생 모든 것을 혐오한다고 했던 것이죠. 결국 그녀는 기존에 시행하던 바이올린 수업을 중단하고 딸이 하고 싶어했던 테니스 수업을 시작합니다.

이 사례는 우리에게 자녀의 흥미를 고려하지 않은 강압적인 교육이 갖는 한계를 여실히 보여줍니다. 평양감사도 제 싫으면 그만이라는 말처럼 아무리 좋은 교육 프로그램이더라도 아이가 싫어한다면 이는 큰 효과를 발휘하기 어렵습니다. 많은 교육 전문가들도 이에 동의합니다.

그러나 타이거 마더의 저자인 에이미 추아 교수가 매정한 엄마인지 아닌지에 대한 문제는 생각해 볼 필요가 있습니다. 자세히 보지도 않고 선입견에 의거해서 사람을 판단한 뒤 낙인을 찍어버리는 일은 그다지 바람직하지 못합니다. 그녀 역시 한 가정을 책임지고 있으며 아이가 잘 되기를 바랐던 평범한 엄마이기 때문입니다. 다른 사람이 공감할 수 없는 방식일지라도 그녀는 딸을 사랑했을 것입니다.

그녀는 서양의 부모들에게 너그러운 태도만을 가지고 어떻게 아이들을 올바르게 양육할 수 있느냐고 반문합니다. 아이를 자유롭게 풀어놓으면 나쁜 길로 쉽게 빠질 수 있다는 것이 그 이유입니다. 깊게 들어가다 보면 결국 이 문제는 사람의 본성이 선하냐 악하냐로 귀결됩니다.

아이들이 부모의 말을 듣지 않는 이유는 아이들이 '부모님을 통해 배울 수 있는 것이 없다'고 생각하기 때문입니다. 논어의 위령공편에는

'기소불욕물시어인(己所不慾勿施於人)' 이라는 말이 있습니다. "내가 원하지 않는 바를 남에게 강요하지 말라"는 말입니다. 부모님이 먼저 공부를 즐긴다면 아이는 반드시 이를 본받아 열심히 공부할 것입니다. 아이들이 공부를 하지 않는 집을 잘 살펴보면 부모 역시도 공부를 즐기지 않습니다. 그런 면에서 타이거 마더인 에이미 추아는 우리와 달랐습니다. 열심히 공부하면서 자녀의 능력을 향상시키려 애썼기 때문입니다. 하지만 아이의 취향을 고려하지 않고 자신의 의견만을 강조했다는 비판에서는 자유롭지 못합니다. 우리가 아이를 교육시킬 때는 이런 선례를 본받아 아이를 위해 진정으로 필요한 것이 무엇인지 다시 한 번 판단해보아야 합니다.

세계 민족의 성공 요인은 어디에 있는가?

엄격한 자녀교육 때문에 유명세를 치룬 타이거 마더 에이미 추아 교수는 사실 '불타는 세계', '제국의 미래' 라는 책을 통해 이름을 알린 세계적 석학입니다. 그녀는 '불타는 세계'에 미국 주도의 세계화와 관련된 의견을 담았고, '제국의 미래'에서 역사 속 강대국인 로마, 페르시아, 대영제국 등을 분석하여 발견한 내용을 언급하고 있습니다. 번영의 역사를 통해 공통점을 추리고 이를 현실에 반영하려는 노력이 반영된 결과가 바로 이 두 권의 책이 아닐까 생각합니다. 그녀는 이 책을 쓰기 위해 피나는 노력을 했을 것입니다.

이런 그녀의 성격은 사실 어린 시절부터 형성된 훈련으로 인해 형성된 것이라고 해도 과언이 아닙니다. 그녀의 아버지는 UC버클리 전기공학부 교수로 카오스 이론을 연구하며 학계의 주목을 받은 레온 옹 추아입니다. 그러나 그는 이런 뛰어난 학문적 성과를 냈음에도 불구하고 자녀들을 교육할 때에 있어서는 매우 가부장적인 모습을 보였습니다. 그녀는 이 시기를 다음과 같이 묘사하고 있습니다.

"전통 유교집안의 권위적인 아버지 밑에서 자라면서 부모를 공경하라, 선생님 말씀엔 무조건 순종해라, 말대꾸하지 마라, 부모를 자랑스럽게 하라고 어릴 때부터 배웠지요. 의미 있고 소중한 가치관이지만 자기만의 독자적 사고, 혁신과 창의력을 기르는 데는 걸림돌이 되는 교육방식이었습니다…… (중략) 수업이 끝나면 친구들은 쇼핑몰로 놀러 다니는데 우리는 집으로 돌아와 수학문제부터 풀고 피아노 연습을 한 뒤 집안일을 도와야 했어요. 집에서는 중국어만 사용했지요. 영어 단어 하나라도 튀어나오면 그 회수만큼 젓가락으로 맞았습니다."

이런 아버지의 영향으로 그녀의 성적은 학창시절 내내 줄곧 탑을 유지했고, 이 덕분에 미국 명문인 하버드 대학교에 진학할 수 있었습니다. 그러나 문제는 여기서부터 시작되었습니다. 아버지가 원했던 전공인 의학과 응용수학을 택했지만 성과가 좋지 않았고, 새롭게 선택한 전공인 경제학에서도 크게 두각을 나타내지 못했기 때문입니다. 이후 택한 전공은 법학이었지만 이마저도 순응하는 교육을 받았던 그녀에게는 힘든 과정이었습니다. 그녀는 비판적인 사고력을 갖게 되기까지 많은 어려움을 겪어야만 했습니다. 아쉬운 것은 그녀 역시 주입식 교육의 피해자였으면서도 자녀에게 똑같은 것을 강조했다는 점입니다. 그랬기 때문에 많은 교육 전문가들이 이 점을 지적했습니다. 올바른 교육이 아니었다는 것이죠.

이처럼 다양한 방면에서 그녀의 교육관을 비판했기 때문인지는 몰라도 3년 뒤 그녀는 남편과 함께 사람들이 성공하는데 꼭 필요한 3가지 요인을 분석한 '트리플 패키지'라는 책을 출간합니다. 이 책 역시 '타이거 마더'와 마찬가지로 큰 비판에 직면합니다. 특정 인종을 지지하는 것처럼 보이는 표지와 슬로건에 책을 읽지 않은 사람들로부터 인종차별주의자라는 낙인이 찍힌 것이죠.

그러나 이는 책의 일부만 보고 사람들이 자신의 의견을 던진 것에 지나지 않습니다. 뉴욕 타임스에서는 이 책을 "좋은 소식은 마법의 유전자 같은 건 없다는 것이다. 유별난 교육열 같은 것도 사실 핵심은 아니다. 성공을 만드는 세 가지 문화적 힘, 즉 트리플 패키지는 누구에게나 열려 있다."라고 소개하고 있습니다. 타임지나 파이낸셜 타임스와 같은 유수 언론으로부터도 호평을 이끌어냈죠. 저는 이 책이 사람이 성공하기 위해서 무엇이 필요한지를 연구하고 이를 자신의 방법으로 적용시켰다는 점에서 큰 의의가 있다고 생각합니다. 그렇다면 성공하는데 필요한 3가지 요소는 도대체 무엇일까요?

그녀가 이야기하는 트리플 패키지는 먼저 자신이 속한 집단의 능력이 뛰어나다는 우월감(Superiority Complex), 능력을 입증해야 한다는 불안감(Insecurity), 그리고 이를 실현하기 위해 필요한 충동조절능력(Impulse Control)입니다. 재미있는 것은 이 세 가지 요소가 막스 베버의 저서인 '프로테스탄티즘의 윤리와 자본주의 정신'에서 강조한 부분과 많이 닮았다는 점입니다. 개신교도들은 소명의식을 갖고 자신의 자리에서 열심히 노력하며 자본을 축적했고 이렇게 축적된 힘은 이후 산업을 발전시키는 핵심요소로 자리매김했습니다.

그렇다면 공부를 할 때 이 세 가지 요소는 어떻게 적용되어야 할까요? 먼저 우월감의 경우 나는 할 수 있다는 자신감의 형태로 나타나야 할 것입니다. 내가 어떤 학교를 가야 할지 그리고 앞으로 무슨 일을 할 수 있을지에 대한 부분은 불안감으로 나타납니다. 그렇지 않다면 대학졸업 예정자들이 이렇게 치열하게 공부하지는 않을 것입니다. 그리고 미래에 다가올 달콤한 미래를 위해 지금을 포기할 줄 알아야 하죠. 수능 시험에서 좋은 성적을 내기 위해서는 지금 내가 하고 싶은 일을 일부분 포기해야 합니다. 취업준비시절에도 이 원리는 그대로 적용되죠. 트리플 패키지의 마지막 요소인 충동조절능력입니다.

여기서 중요한 것은 내 절박함이 어떤 방식으로 반영되느냐에 따라 집중하게 되는 분야가 달라진다는 점입니다. 좋은 대학에 포커스가 맞춰져 있으면 입시를 공부하지만 미래를 걱정하는 사람이라면 장기적인 관점에서 필요한 분야를 학습하게 되기 때문입니다. 저는 후자를 추천합니다. 입시성적은 대학교에 입학하는 동시에 쓸모가 없어집니다. 대학교를 졸업한 제 입장에서 살펴보면 지금 제게 중요한 것은 그 당시의 수능 성적이 아니라 지금 내가 무엇을 할 수 있느냐 입니다. 이 능력을 키우기 위해 노력했던 기간이 길면 길수록 나중에 웃을 수 있죠. 학교에서 이런 분야를 다루지 않는다는 사실은 이제 너무나 잘 알려져서 더 이상 새롭지도 않습니다.

트리플 패키지는 단순히 ‘무조건 노력하면 된다’고 주장하는 자기계 발서가 아닙니다. 말콤 글래드웰의 ‘아웃라이어’에서 말한 바와 같이 성공을 하기 위해서는 내가 어떤 집단에 속해있는지도 상당히 중요합니다. 우수 집단에서 이루어지는 문화적 환경과 인식이 어떤 영향을 미치는지 알고 있는 사람은 어떻게든 환경을 만들어냅니다. 맹자가 글을 읽을 수 있도록 하기 위해 어머니가 집을 3번이나 옮긴 것이 이상적인 사례입니다. 물론 환경을 바꾼다고 해서 그게 항상 좋은 것만은 아닙니다. 아이의 공부를 위해 유명한 곳으로 이사 왔지만 만족감을 느끼지 못하는 사람들도 많기 때문에 우리는 장소를 선택할 때 능동성을 갖추기 위해 노력해야 합니다.

우리의 자녀가 공부를 잘하게 되길 원한다면 부모의 입장에서 가장 신경을 써야 할 부분은 이상적인 환경을 만드는 것입니다. 단순히 공간을 예쁘게 꾸미는 것에서 벗어나 스트레스를 받지 않게 하고 공부 자체를 재미있다고 느끼게끔 다양한 것을 제공해야 합니다. 이는 지역이나 재력과는 무관하게 자신의 집에서도 간단하게 시작할 수 있습니다. 다만 이 프로젝트를 완수하기 위해서는 아이를 위한 사랑과 모범을 보이기 위한 노력이 필요합니다. 그렇게 되면 공부방이 허름하더라도 큰 문제가 되지 않습니다. 노력과 자신감 그리고 위기의식은 사람의 능력을 키우는 가장 중요한 요소입니다. 그런 점에서 보면 추아 교수가 주장했던 타이거 마더는 어느 정도 옳은 부분이 있습니다.

만약 내가 어떤 지식을 접했을 때 받아들이기 힘든 것이라면 그렇게 하지 않으면 됩니다. 다만 이를 접하지도 않고 선입견에 빠져 맹목적인 비판을 하는 것은 올바른 자세가 아닙니다. 저는 그렇기 때문에 자녀를 키우는 사람들에게 에이미 추아 교수의 저서를 추천하는 편입니다. 이게 옳은지 그른지의 문제는 개인이 판단할 일이지만 교육을 다양한 관점에서 생각할 수 있도록 도와준다는 점에서 큰 도움이 되기 때문입니다. 이 글을 읽는 여러분들의 생각은 어떤가요? 과연 타이거 마더는 옳은 것일까요?

창의적인 아이는
부모가 만든다

아이를 이상적인 인재로 길러내기 위해 부모는 무엇을 해야 할까요? 다양한 의견이 나올 것입니다. 저는 아이가 잘 자라는데 가장 중요한 요소를 '자연스러움'이라고 생각합니다. 자연스럽다는 것은 세상의 순리대로 커가는 것을 의미합니다. 하지만 사람들이 생각하는 세상의 순리는 모두 다릅니다. 그래서 아이들은 부모님이 좋다고 생각하는 것을 강요받기도 하고, 싫어하는 분야에 에너지를 쏟아야 하는 경우도 생기죠. 순리대로 누군가가 성장하는 일은 이렇게 보면 요원하기만 합니다.

이 순리를 가장 따라야 하는 것으로 '농사'가 있습니다. 자연의 이치에 따르지 않으면 가을에 제대로 된 결과를 내기 어렵기 때문이죠. 또한 이렇게 자란 농작물은 품질과 맛도 좋아집니다. 우리가 잘 알고 있는 바와 같이 이런 농작물은 유기농채소 또는 과일이라고 불립니다. 키우기 힘들기 때문에 값도 비싸죠.

재미있게도 유기농제품을 키우는데 필요한 조건과 이상적인 교육간에는 공통점이 많습니다. 전남 곡성군의 이옥신 씨가 운영하는 포도농장은 이를 잘 보여주는 대표적인 사례입니다. 그가 실시하는 자연농법이 일반인들의 상식과 많이 다르면서도 좋은 성과를 내고 있었기 때문에 이씨의 농장은 2013년 7월 말에 먹거리 X파일에도 소개되며 많은 사람들의 관심을 불러일으키기도 했습니다.

이씨가 키우는 포도의 가장 큰 특징은 살충제의 도움 없이 물만으로 자란다는 것입니다. 심지어 비료조차 주지 않지요. 주인의 말에 의하면 병충해를 스스로 이겨내며 부패를 막는 힘이 생기고 이 가운데 포도가 더 맛있어진다고 합니다. 과일이나 와인과 같은 액체에 있는 당의 농도를 정하는 단위인 브릭스를 기준으로 보았을 때 일반 포도는 15브릭스인데 반해 이 농장에서 자라는 포도는 18브릭스로 더 높은 수준을 보였습니다. 또한 포도를 가지에서 잘라낸 뒤 상할 때까지 소요되는 시간이 일반 포도에 비해 압도적으로 길었죠.

그러나 이 포도가 장점만 있는 것은 아닙니다. 인위적인 요소를 최대한 배제하기 때문에 최종적으로 나오는 포도의 모양이 고르지 않습니다. 송이가 예쁘지 않고 알이 듬성듬성 있기 때문에 시장이나 마트에서 볼 수 있는 예쁜 포도와는 거리가 있죠. 또한 포도송이가 많이 달리면 주인은 일정량을 제외하고는 가위로 전부 잘라버립니다. 이는 당연히 수확량 감소로 이어집니다. 그가 이렇게 수확량이 줄어드는 것을 감수하면서까지 가지를 자르는 이유는 무엇일까요? 대답을 요구한 제작진에게 그가 던진 대답은 이랬습니다.

"그러니까 맛있는 포도가 안 나오는 거예요. 포도가 원래는 굉장히 맛있는 건데 사람들의 욕심에 의해서 그렇게 되는 거죠(맛이 없어지는 거죠)"

방송을 보면서 유기농 포도를 기르는데 필요한 요인이 무엇인지 생각해보았습니다. 가장 먼저 버려야 할 것은 욕심입니다. 능력의 한계를 두는 것은 물론 좋지 않지만 그렇다고 과욕을 부려서도 안 됩니다. 자신이 할 수 있는 것을 조금씩 늘려가며 성공의 발판을 쌓아나간다면 실패의 가능성은 훨씬 낮아질 것입니다. 또한 물만 주어도 포도가 썩지 않고 잘 자랄 것이라는 믿음이 있어야 합니다. 포도가 병충해를 스스로 이기고 강하게 자랄 것이라는 확신이 없이는 이런 농법을 택하기가 쉽지 않습니다.

좋은 토양도 무시할 수 없는 요소입니다. 물만 먹는 포도가 영양을 얻을 수 있는 곳은 어디일까요? 바로 토양입니다. 상식적으로 생각해보았을 때 쌀이 잘 자랄 수 있는 위치는 사막보다는 논입니다. 이씨가 포도농사에 이상적인 땅을 만드는데 걸린 기간은 10년입니다. 어지간한 뚝심이 없이는 이 시간을 버티기가 힘들 것입니다. 그러나 그는 해냈고 결국 맛있는 포도를 만들 수 있게 되었습니다.

이옥신 씨가 말한 맛없는 포도가 시중에 유통되는 이유와 교육이 무너진 원인을 비교해보면 서로 공통점이 많습니다. 대부분의 농부는 농사를 지을 때 많은 양을 팔아 큰 이익을 남기는 것을 목표로 합니다. 교육도 마찬가지입니다. 오늘날 우리가 생각하는 이상적인 교육의 목적은 자녀를 잘 공부시켜 좋은 학교와 직장에 보내는 것입니다. 농부는 생산량을 늘리기 위해 비료를 사용하고 살충제를 뿌립니다. 마찬가지로 학생들은 좋은 성적을 내기 위해 학원이나 개인교습을 통해 족집게 과외를 받습니다.

이런 방법이 좋지 않은 이유는 스스로 무언가를 할 수 있는 기회를 빼앗아가기 때문입니다. 식물이든 사람이든 성장하려면 어려움에 처했을 때 이를 견디며 해결할 수 있는 방법을 직접 찾아야 합니다. 필요하다면 싸움에서 이겨야 할 때도 있죠. 어려움을 겪지 않고 성장한 사람은 외부의 환경에 쉽게 흔들릴 수밖에 없습니다. 오늘날 학생들에게 주어지는 교육은 안타깝게도 어려움을 스스로 이길 수 있도록 도와주기 보다는 어려움을 피하는 지름길을 알려주는 방향으로 맞춰져 있습니다.

인생은 자신이 노력하는 것 이상을 주지 않습니다. 편법으로 무언가를 빨리 성취하려는 사람들이 많아지고 있다는 사실은 그런 점에서 우리의 마음을 많이 안타깝게 합니다. 족집게 과외에 익숙해져 버린 학생들은 문제를 어떻게 해결해야 하는지 스스로 생각하지 않습니다. 또한 대학교 예비 졸업생들은 취업에 필요한 최소조건에 자신을 맞추기 위해 많은 노력을 하지만 그 능력은 모두가 갖고 있는 평균치에 불과합니다. 애석하게도 현대사회는 평균적인 능력을 갖춘 사람보다는 다른 사람보다 더 잘할 수 있는 능력이 있는 인재를 선호합니다. 그런 점에서 이옥신 씨의 농장에서 나오는 포도는 우리에게 많은 것을 시사합니다.

믿는 만큼 자라는 아이들

한국의 부모님들은 정도는 다르지만 거의 대부분 타이거 마더입니다. 자녀의 공부에 관심이 많고 무엇을 공부하는지 철저하게 확인하는 습관이 있기 때문이죠. 이전까지 부모들은 자신의 방법이 옳지 않으면서도 자녀를 위해 어쩔 수 없었다는 자기 합리화를 하며 자녀를 교육했었습니다. 그러나 '타이거 마더'의 출간 이후 상당수의 학부모가 저자인 추아 교수의 논리에 공감했습니다.

그러나 우리가 타이거 마더에서 간과하고 있는 사실이 하나 있습니다. 추아 교수가 딸들을 강하게 밀어붙일 수 있었던 요인이 바로 '성취욕'을 자극하는 것에 있었기 때문입니다. 그녀는 자녀들이 음악 콩쿨에서 1등을 하고, 시험에서 최고점을 받도록 만들어준 뒤 그 기분을 자녀에게 느끼도록 해주었습니다. 그리고 자녀들이 그렇게 될 수 있도록 최고의 전략을 짜고 실행했죠. 물론 이 전략이 어린 아이들에게 매우 혹독했다는 비판에서 자유롭진 못합니다. 반면에 한국의 부모님들은 추아교수만큼 체계적인 전략을 설계하지도 못하면서 자녀를 다그치기만 합니다. 당연히 학생들의 성취도도 낮고 자연스럽게 행복감도 낮아집니다.

그래서 저는 아이들을 자유로운 환경에 놓아두는 것이 장기적인 미래를 놓고 볼 때는 훨씬 더 좋은 결과를 나타낸다고 생각합니다. 강압적으로 짜인 일정과 혹독한 훈련으로 지능이 뛰어난 아이를 만드는 것이 가능하다고 할지라도 이 아이가 장기적인 관점에서 문제를 발견하고 이를 스스로 해결하며 인생의 참 의미를 찾을 것이라고 생각해서는 안 됩니다.

프랑스의 철학자인 루소가 쓴 '에밀'에서는 어린이를 그 자체의 고유한 활동이 있는 존재로 파악합니다. 유년시절을 포함하여 인생의 각 단계는 그 나름대로의 의미가 있죠. 사실 우리는 교육의 목표를 인간의 가치를 최대한 실현할 수 있는데 도움이 되는 것을 가르치는 것에 두어야 합니다. 루소의 말처럼 자연으로부터(혹은 신으로부터) 받은 힘을 자각하고 이를 실현하여 사회에 보탬이 되는 사람이 많아졌다면 지금 우리에게 중요한 입시와 대학 서열화는 없었을지도 모릅니다.

하지만 이런 상황에서도 자신만의 방법으로 뛰어난 성과를 낸 아이들이 있습니다. '대한민국 영어천재들의 비밀노트'에 소개된 아라와 은비 자매입니다. 이들은 사교육 위주의 학습보다는 스스로 생각하며 해결하는 방식의 공부를 좋아했습니다. 그들이 이런 학습방법을 갖게 된 데는 엄마의 공이 컸습니다. 그녀가 사용했던 방법은 헬리콥터맘이나 타이거 마더와는 근본적으로 그 목적이 달랐습니다.

학원과 보충수업에 보내느라 바쁜 엄마들과는 달리 그녀는 올챙이의 다리가 어디서부터 나오는지 궁금해 하는 딸에게 직접 올챙이를 키우도록 권하고, 교과서에 나온 문화유산을 주말마다 직접 찾아다니며 눈과 귀로 지식을 익히게 돕습니다. 나라마다 시간이 다른 이유를 궁금해 하는 딸을 그리니치 천문대로 데려간 뒤 시차의 개념을 설명하고 딸이 좋아하는 작가인 조앤 롤링이 살았던 에딘버그를 방문하는 서비스 정신을 발휘하며 공부를 즐거운 것이라고 인식시켰습니다. 일반적인 학생들의 주된 교육방법인 학원, 과외와는 상당히 다른 방식입니다.

초등학생 시절에 놀기만 했기 때문에 학교를 잘못 갔을 것이라는 기대와는 달리, 언니인 아라는 일본의 와세다 대학에 진학했고, 동생인 은비는 미국 아이비리그 중 하나인 브라운 대학교에서 공부하고 있습니다. 그들이 집중적인 과외 교육을 받지 않고도 남들보다 뛰어난 성과를 낼 수 있었던 원인은 무엇일까요? 아라와 은비의 어머니는 다음과 같이 말하고 있습니다.

"아라와 은비는 어렸을 때 그 어떤 집 아이들보다 신나게 뛰어 놀았어요. 어릴 때 실컷 놀아야 한다는 것이 제 생각이었으니까요. 그렇다고 공부를 소홀히 한 것은 절대 아니었습니다. 다만 책상 앞에서 하는 공부보다도 공부의 밑바탕이 되는 '기본기'를 만들어 주는 게 더 중요하다고 생각했어요…… (중략) 무엇보다 중요하게 생각했던 것은 책 읽는 습관을 만들어주는 것이었습니다. 한국에서는 물론이고 일본에 있을 때도 토요일마다 아라와 은비 손을 꼭 붙잡고 도서관에 갔어요. 반나절 정도 아이들과 함께 앉아 책을 보다가 돌아올 때는 가방 가득 빌려서 왔고 대형 서점과 헌책방도 자주 다니면서 책에 대해서 흥미를 가질 수 있도록 노력했습니다. 공부의 기본기를 잡아주면 어떤 공부도 잘 할 수 있거든요."

기본기를 갖추기 위해 가장 중요한 것은 시간과 자연스러움입니다. 꾸준히 무언가를 반복적으로 하는 사람만이 기본기를 향상시킬 수 있죠. 공부의 기본기는 사고력에서부터 출발합니다. 어떤 공부도 생각하는 힘이 없이는 제대로 이루어지지 않기 때문입니다. 생각의 나래를 펼치기에 가장 좋은 것은 책입니다. 아라와 은비의 어머님이 아이들에게 책 읽는 습관을 갖추도록 만드는 일을 가장 중요하게 여긴 것도 이 때문입니다. 생각하고 정리하며 지능이 발전함에도 불구하고 아직까지 한국에서 그런 환경이 갖추어져 있지 않다는 것이 안타깝습니다.

창의적인 아이는 부모가 만듭니다. 학교도 학원도 과외선생님도 교수님도 그 역할을 대신해주지 않습니다. 끊임없이 생각하며 자신의 미래를 고민하도록 만들 수 있는 사람이 부모 이외에 누가 있을까요? 간섭하지 않고 자신의 생각을 자유롭게 말할 수 있는 환경을 제공함과 동시에 부모가 스스로 공부하는 모습을 보인다면 이를 따라 하지 않을 아이는 없습니다. 문제는 부모가 그것을 하지 않으면서 아이에게만 공부할 것을 강요하기 때문에 생깁니다. 자녀는 부모의 거울이라는 사실을 꼭 기억하고 날마다 모범이 되는 모습을 보이도록 노력하는 일이 중요한 이유입니다.

세상을 바꾸는 글로벌 인재, 우리도 할 수 있다

아프리카 중에서도 사람들의 발길이 닿지 않는 작은 나라 말라위. 가
뭄에 시달리던 이곳에 윌리엄 캄쾀바라는 소년이 살고 있었습니다. 그는
다른 사람들과 마찬가지로 가난과 힘겹게 싸우며 의미 없이 하루를 보내
고 있었죠. 그러던 어느 날 그의 삶에 변화가 생겼습니다. 변화의 시작은
마을에 있었던 작은 도서관이었습니다.

도서관의 모든 것은 그에게 신선했습니다. 그 중에서도 가장 윌리엄의
마음을 사로잡았던 것은 거대한 풍차였습니다. 과학 그림책에서 우연히
보게 된 풍차가 전기를 만들고 물을 퍼 올릴 수 있다는 사실을 알아낸 것
이죠. 이후 그는 풍차를 만들겠다는 꿈을 품고 모든 집중력을 풍차에 쏟
아 붓기 시작했습니다. 새로운 목표를 갖게 된 사람들의 열정은 아무도
말리지 못한다는 말이 있는데 이 말은 아마 그를 위해 만든 것이라 생각
됩니다.

그러나 이 작업은 생각만큼 쉽지 않았습니다. 먼저 도서관의 자료가
너무 빈약했습니다. 윌리엄은 전기에 대한 기초적인 지식 밖에는 익힐
수 없었기 때문에 무수히 많은 시행착오를 겪어야 했습니다. 또한 풍차
를 만들 재료를 구하기도 어려웠고 이를 살 돈도 없었습니다. 그가 택한
방법은 쓰레기 더미를 뒤지며 필요한 부품을 만드는 것이었죠. 결국 그
는 각고의 노력 끝에 풍차를 만들어냈습니다. 그의 나이 14세 때의 일입
니다.

풍차의 원래 목적은 전기를 공급하는 것이지만 캄쾀바가 만든 풍차는

단순한 발전기가 아니었습니다. 밤이 되면 어두워지는 아프리카의 하늘에 빛과 희망을 준 상징적인 건물이 된 것이죠. 캄콤바는 사람들에게 '나도 열심히 하면 그처럼 할 수 있다'는 기대심리를 심어주고 특별한 것을 배우고자하는 그들의 열망에 불을 지폈습니다. 공부하면 된다는 믿음이 여기저기서 생겨나기 시작했습니다.

그가 풍차를 만들 수 있었던 원인은 열정을 기반으로 한 공부와 새로운 시도를 두려워하지 않았던 도전정신으로 요약됩니다. 물론 사람들에게 더 나은 것을 주고 싶다는 사명감도 큰 몫을 했을 것입니다. 신념을 가진 사람의 힘은 이처럼 위대합니다.

그는 가난 때문에 학교를 포기해야 했지만 이 사건으로 인해(풍차제작) 일약 스타가 되었고, 세계의 지성이 모이는 TED Conference에서 이 주제로 청중들에게 강연을 펼쳤습니다. 이후 남아프리카에 있는 아프리카 리더십 아카데미(Africa Leadership Academy)의 1기 학생으로 선정되었고, 2007년도에는 TED의 글로벌 연구원이 되는 쾌거를 이룹니다. 지금은 ALA(Africa Leadership Academy)에서 공부를 계속하며 아프리카의 현실을 개선하기 위한 사회공헌 활동에 몰입하고 있죠.

다른 사례도 있습니다. 인도계 이민 2세, 슈밤 배너지가 그 주인공입니다. 윌리엄과는 다른 접근 방식이긴 하지만 창의적인 발상으로 성공을 거머쥐었다는 점은 그와 크게 다르지 않습니다. 평범한 학생이었던 배너지는 어느 날 한 가지 의문이 생깁니다. 그의 머릿속을 스쳤던 생각은

'시각장애인들은 어떻게 글을 읽을까?' 였습니다.

그는 부모님께 이 문제를 여쭈어보았습니다. 부모님이 한 대답은 '구글에서 검색해봐' 였습니다. 모든 것을 대답해주기보다 스스로 질문에 대한 답을 찾을 수 있도록 도와준 부모님의 교육관이 엿보이는 부분입니다. 아이의 창의성은 스스로 생각하는 능력에서부터 발전한다는 사실을 배너지의 부모님은 이미 알고 있었는지도 모르겠습니다.

웹에서 그 이유를 검색해본 배너지는 시각장애인용 점자프린터가 2000달러를 웃도는 비싼 가격에 팔리고 있었다는 사실에 깜짝 놀랐습니다. '만약 돈이 없는 사람이 점자프린터가 필요하게 되면 어떻게 해야 할까?' . 이 질문은 결국 점자프린터를 싼 값으로 공급하겠다는 꿈으로 이어졌습니다.

열심히 노력한 끝에 그는 레고 블록을 활용한 기술로 점자 프린터를 개발하는데 성공했고, 학교 과학경진대회에 이 프린터를 출품해 대상을 받았습니다. 그 당시 배너지는 우리나라를 기준으로 했을 때 중학교 1학년의 나이였습니다.

이후 그의 행보는 파격적이었습니다. 부모님으로부터 3만 5천 달러를 지원받아 브레이고랩스라는 회사를 창업하고 인텔로부터 수십 만 달러에 달하는 투자유치를 약속 받은 것이죠. 인텔이 이 회사를 선택한 이유는 브레이고랩스의 제품이 상용화될 경우 현재 2000달러에 달하는 점자

프린터의 단가를 350~500달러 수준으로 낮출 수 있다고 전망했기 때문입니다. 현재 배너지는 시각 장애인뿐만 아니라 더 많은 사람들에게 도움이 될 수 있도록 자신의 능력과 열정을 다해 일에 몰두하고 있습니다.

월리엄과 배너지의 사례를 통해 우리가 배워야 할 점은 첫째는 어떤 일을 하겠다는 사명감과 인내심, 둘째는 세상에서 주어진 정보를 잘 활용하여 자신의 상황에 맞게 가공해내는 능력입니다. 이 두 가지 능력은 모두 우리가 인생을 의미 있게 살아가는데 필요한 것입니다. 노력하고 인내하지 않는 사람이 성공할 수는 없습니다. 또한 개인의 능력을 향상시키기 위해 주위의 것을 활용하는 것은 상식 중의 상식이죠.

믿기 어렵겠지만 우리 모두에게도 이 두 사람과 같은 능력이 있습니다. 다만 숨겨져 있을 뿐이죠. 어떤 이들은 자신의 재능을 찾아 즐겁고 행복하면서도 보람찬 인생을 살지만 대부분의 사람들은 주어진 조건에 순응하며 재능을 죽이는 삶을 선택합니다. 재능을 발견하는 일은 우리의 마음자세에 달렸습니다. 저는 르네상스 시기의 뛰어난 조각가였던 미켈란젤로의 관점을 우리가 배워야 할 필요가 있다고 생각합니다. 그는 보잘것없는 돌로 멋진 조각상을 만들어 낼 수 있었던 이유를 궁금해 하는 사람에게 다음과 같이 대답했습니다.

"그 형상은 처음부터 화강암 속에 있었습니다. 나는 단지 불필요한 부분들만 깎아 냈을 뿐입니다."

우리가 공부를 하는 이유는 개인의 영달을 위해서가 아닙니다. 다른 사람들에게 더 좋은 것을 주고 사회를 유익하게 만들기 위함입니다. 아무 것도 없는 아프리카에서도 이렇게 멋진 일을 하는 윌리엄 같은 사람이 있다는 사실은 우리가 더 이상 핑계거리를 찾지 못하도록 하는 강력한 자극제입니다. 미켈란젤로의 말처럼 재능은 이미 우리 안에 있습니다. 세상을 바꾸는 글로벌 인재가 될 수 있는 뛰어난 재능이 내게 있다고 항상 생각해주시기 바랍니다. 이 능력을 통해 우리의 인생이 바뀔 수 있습니다. 다만 아직 드러나지 않았을 뿐이죠. 가장 중요한 것은 이를 발현시키려는 끊임없는 노력입니다. 옛 선현들은 이를 '공부'라는 말로 표현했습니다. 자신을 갈고 닦으며 주위를 아름답게 하는데 스스로의 능력을 바친다는 의미입니다. 이 글을 읽는 여러분들에게는 이 의미가 어떻게 다가오시나요?

아이는
끊임없이 변한다

🕵️ 아이는 끊임없이 변한다

대부분의 아이들은 변덕이 심합니다. 그래서 아이를 키우는 학부모는 고민이 많습니다. 아이를 혼내도 조금만 지나면 다시 원래대로 돌아옵니다. 사랑스러울 정도로 예쁘다가도 미운 짓을 하면 화가 날 때가 많죠. 그래서 부모들은 대부분 아이를 다루는 나름대로의 노하우를 갖고 있습니다.

아이가 성인에 비해 변덕이 심한 이유를 '변화'라는 키워드에서 찾아봅시다. 아이는 자신이 무엇을 잘 할 수 있는지 모릅니다. 새로운 것을 접하며 세상에서 자신이 어떤 일을 할 수 있는지 알아나가는 과정에서 생기는 것이 변덕입니다. 좋았다가도 갑자기 싫어지고, 싫었던 것이 다시 좋아지기도 합니다. 자신을 계속해서 바꾸며 진정으로 좋아하는 것을 찾아나가는 과정인 것이죠.

사실 아이는 많은 것을 배워야 하는 시기입니다. 그리고 새로운 것을 많이 접하기 때문에 발전하는 속도도 매우 빠르죠. 우리는 흔히 아이들이 새로운 것을 빨리 배운다는 말을 합니다. 이는 당연한 결과입니다. 성인들에 비해 새로운 것을 접하는 빈도가 많기 때문입니다. 그러나 아이가 성인이 되면 이런 태도는 조금씩 사라집니다. 이들을 움직이지 못하게 만드는 것은 기존에 쌓아왔던 것을 잃어버린다는 두려움과 새로운 것을 잘 배우지 못할 것 같다는 불안감입니다.

새로운 것을 받아들이는 일이 꼭 필요한 이유는 이 행위가 다른 사람들의 장점을 배울 수 있는 환경에 자신을 던져 넣는 가장 좋은 방법이기 때문입니다. 이런 과정이 누적되면 자연스럽게 창의적인 사고방식이 학습자에게 자리잡습니다. 기존에 익힌 지식과 경험은 새로운 것을 만나지 못하면 조금씩 사용할 수 없게 됩니다. 새로운 것을 받아들이는 사람은 특정 사물이나 현상을 다양한 방법으로 생각할 수 있습니다. 모두가 알고 있는 바와 같이 창의력의 원천은 다양성을 받아들이는 것에서부터 시작됩니다.

요즘은 김치냉장고가 있지만 옛날 사람들은 김장을 하고 나면 김장독을 땅에 묻어야 했습니다. 이 때 중요한 것은 우리가 파야 할 땅의 크기입니다. 만약 김장독을 묻을 때 묻어야 할 독의 크기만큼만 땅을 판다면 어떤 일이 벌어질까요? 아마 김장독을 땅에 묻기가 어려워 질 것입니다. 김장독을 안전하게 묻으려면 땅을 독의 지름보다는 훨씬 넓게 파야 합니다. 이곳에 묻힌 김치는 이후 맛있게 숙성되어 우리의 입을 즐겁게 해줄 것입니다.

공부하는 것도, 일을 하는 것도 마찬가지입니다. 이제 더 이상 자신이 필요한 지식만 공부해서 성공하는 시대는 지나갔습니다. 다양한 사람들을 만나고, 다양한 지식을 익혀야 나만의 차별화 된 시각을 가질 수 있습니다.

만물의 기본원리는 순환입니다. 사방이 막혀버린 사해 바다에서 생물이 살 수 없는 것처럼 자신을 한계 안에 가두는 사람들이 성공하기란 지극히 어렵습니다. 정해진 틀에 자신을 맞추지 말고 주변 상황에 유연하게 대처하며 세상에 지지 않는 나를 만드는 것이 무엇보다도 중요합니다. 도가 철학의 시조인 노자가 주장한 무위(無爲)의 개념도 이와 관계가 있습니다. 일체의 부자연스러운 행위가 없다는 뜻의 무위는 오늘날 우리가 꼭 알아야 할 가치 중 하나입니다.

세상은 항상 움직이고 있습니다. 그러나 우리는 어느 정도까지는 움직이다 그 이후부터는 자신이 가진 것을 간직하며 정지하려 합니다. 새로운 것을 배우지 않고 자신만 이해하는 판단기준으로 세상을 바라보는 것 등이 대표적인 사례입니다. 우리는 이런 태도를 지양해야 합니다. 끊임없이 변하며 새로운 것을 익히고 삶에 적용하며 발전시키는 사람만이 세상에서 성공을 거머쥘 수 있습니다.

변화하는 세상에 적응하라

변화하는 세상에서 적응해야 하는 것은 사람뿐만이 아닙니다. 위기 상황을 맞으면 기업 역시 어떤 식으로든 변화해야 합니다. 수명이 다되었을 때 부리를 깨고 발톱을 뽑아내며 이전의 것을 버리는 고통스러운 과정을 겪는 솔개가 그렇지 않은 솔개에 비해 오래 산다는 우화는 이미 우리에게 널리 알려져 있습니다. 세상에 있는 모든 것은 기본적으로 세상에 적응하며 살기 위해 끊임없이 변해야 하죠.

그런 면에서 고객의 니즈를 반영하기 위해 다양한 브랜드를 활용하는 기업들의 사례는 우리가 본받을 만 합니다. 이런 현상은 특히 명품마케팅 시장에서 두드러집니다. 고가의 상품을 구매하는 고객들의 취향은 대개 까다로운 편입니다. 이는 손해를 보지 않으려는 사람의 심리에서 비롯된 것입니다. 이에 기업은 특정 고객들을 맞춤형으로 겨냥하는 다양한 브랜드를 런칭하여 자사의 이익을 극대화 시킵니다.

프랑스 파리에 본사를 두고 있는 명품 브랜드 LVMH는 앞의 전략을 충실하게 따르고 있는 기업 중 하나입니다. LVMH가 가진 자회사의 수는 18 개로 우리가 잘 알고 있는 루이비통(Louis Vuitton), 마크 제이콥스(Marc Jacobs), 디올(Dior), 펜디(Fendi), 셀린느(Celine), 불가리(Bulgari), 헤네시(Hennessy), 도나 카란(Donna Karan), 겐조(Kenzo_Takada), 벨루티(Berluti), 태그 호이어(TAG Heuer) 등을 포함하고 있습니다. 이 사실을 알고 있는 사람이라면 '나는 펜디 가방보다 루이비통이 더 좋아' 라는 말을 들었을 때 기분이 이상할 것입니다. 결국 같은 회사의 제품이니까요. 이런 말이 나올 수 있는 이유는 기업이 자신의 이름을 숨긴 채 브랜드의 고유하고 긍정적인 이미지로 소비자에게 어필하고 있기 때문입니다.

중국 무술하면 가장 먼저 떠오르는 숭산의 소림사도 격변의 시기를 맞이하는 중입니다. 1500년의 역사를 자랑하며 중국 고유의 문화를 간직하던 이곳이 변화하기 시작한 것은 스융신 스님이 방장이 되면서부터 입니다. 그는 스님으로는 특이하게도 해외 MBA 과정을 마쳤다는 이력이 있죠.

스융신 스님이 방장이 되면서 소림사는 다양한 분야의 사업을 실시합니다. 전통 중의학 비법으로 병원사업을 하기도 하고, 소림사 관광 코스를 개발한 뒤 외부에 경내를 개방했습니다. 화려한 무술 공연과 영화 사업 및 학원 운영 등을 통해 조금씩 몸집을 불리고 있기도 하죠. 2005년도에는 '펑중소림(風中少林)' 이라는 무술 공연을 기획해 미국에서 약 800만 달러의 수익을 내기도 했습니다. 이제 소림사는 사람들에게 잘 알려진 무술을 수련하는 절이 아니라 자체 브랜드를 가진 당당한 글로벌 기업으로 자리 매김했습니다. 물론 사찰에서 사업을 한다는 것은 여러 면에서 비판의 대상이 될 수 있습니다. 참된 도를 수련하는 사람들이 돈 욕심을 부린다는 얘기가 실제로 여러 곳에서 퍼져 나오고 있죠.

그럼에도 불구하고 소림사가 이런 선택을 할 수 밖에 없었던 이유는 간단합니다. 무언가를 하지 않으면 '생존'이 어려울 정도로 생활이 어려웠기 때문입니다. 스융신 스님이 방장이 되기 전까지 소림사는 당장 내일 뭘 먹고 살지 걱정해야 될 정도로 재정형편이 좋지 않았습니다. 그러나 그들은 이런 어려움에 굴하지 않고 살기 위해 자신의 재능을 활용할 수 있는 다양한 방법을 고민했고 그 결과로 나온 방안을 실천함으로써 당면했던 문제를 해결할 수 있었습니다.

제가 생각하는 생존의 진정한 의미는 '삶의 목적을 끊임없이 찾아나가는 과정'입니다. 그 속에서 자신의 능력을 발전시키고 주변에 긍정적인 영향을 미칠 수 있다면 더할 나위 없이 좋겠죠. 세상에 이런 사람들이 많아진다면 아마 주변은 더 아름답게 변할 것입니다. 아직까지 이런 환경이 구축되지 않았다는 사실이 조금은 안타깝습니다. 특히 학교에서 열심히 공부하는 아이들에게 이런 지식이 전달되지 않는다는 사실에 우리가 주목해야 할 필요가 있습니다. 이를 가능하게 하려면 무엇보다도 학부모의 역할이 중요합니다. 아이와 끊임없이 대화하며 스스로 지식을 찾을 수 있도록 만들어주는 것이 부모가 아이에게 해줄 수 있는 가장 큰 선물입니다.

패턴을 발견하는
창의력을 길러주어라

부동산 중개업을 하던 조셉 프리드먼은 어린 딸이 빨대로 음료수를 마시다가 자꾸 바닥에 엎지르는 모습을 발견했습니다. 딸의 서툰 손짓에 빨대가 목을 찌른 것이죠. 고민 끝에 조셉은 윗부분에 주름을 넣어 휘어지도록 만든 새로운 빨대(Flexible Straw)를 발명합니다. 누구나 생각할 수 있었던 것이지만 이를 실천에 옮기고 해결책을 단순화 한 이상적인 사례입니다. 이처럼 창의력은 단순화를 통해 만들어집니다.

원리를 발견할 때 창의력은 대개 '사건 및 현상의 발견 – 관찰 – 공통점(법칙) 발견 – 이론 검증'의 방법으로 구현됩니다. 제품을 만드는 마케터의 입장이라면 이 과정은 약간 달라집니다. 그들은 '고객의 니즈 파악(현 제품의 불편한 점 파악) – 해결방안 모색 – 해결책 발견 – 실행을 통한 결과 도출 – 제품 출시 및 시장의 평가'의 순서를 거쳐 그들의 아이디어를 실현합니다.

방법은 약간 다를 수 있지만 모든 생각의 시작은 '질문'입니다. 글의 서두에 소개된 조셉의 질문은 '딸이 불편하지 않게 음료수를 마실 수 있는 빨대가 없을까?'였고, 전구를 발명한 에디슨의 질문은 '밤에도 낮처럼 밝게 만들어주는 도구가 없을까?'였습니다. 남들과 다르게 생각하는 능력과 주어진 일에 몰입하는 힘은 창의력을 발휘하는데 가장 중요한 요소입니다. '답답한 놈, 엉뚱한 놈, 기발한 놈'의 저자인 조관일 박사는 창의력을 발휘하기 위해 중요한 개념으로 '디프리하드'를 강조합니다. '디프리하드'는 그가 만든 합성어로 다르게(Different), 자유롭게(Freely), 몰입(Hard)하는 과정을 의미합니다. 무언가를 새로 만들어낸 사람들은 모두 이 세 단계를 거쳐 갑니다. 그 이후 특정한 형식을 지닌 제품이나 패턴원리를 만들어내죠.

사실 따지고 보면 천재들은 패턴을 만들어내는데 일가견이 있습니다. 하늘을 날아다니는 삶을 일상생활의 영역에 추가한 라이트 형제, 손 안의 컴퓨터라는 슬로건을 바탕으로 새로운 라이프 스타일을 만들어 낸 스티브 잡스, 떨어지는 사과를 보고 만유인력의 법칙을 발견한 뉴턴 등이 대표적입니다. 천재들은 주변에서 일어나는 사건에 의문을 갖고 이를 아우르는 법칙을 발견하여 삶을 획기적으로 바꾸는 능력이 있는 사람입니다.

그러나 이런 혁신적인 아이디어가 항상 환영을 받는 것은 아닙니다. 토머스 쿤이 쓴 '과학혁명의 구조' 라는 책을 보면 이를 자세히 알 수 있습니다. 사람들은 정도는 다르지만 자신만의 기준으로 세상을 판단합니다. 과학법칙을 탐구할 때도 이 원칙은 그대로 적용됩니다. 그래서 지금까지 발견된 법칙으로 설명할 수 없는 원리들은 예외로 취급하죠.

이처럼 예외가 조금씩 늘어나면 날수록 기존 법칙의 지위는 위협받기 시작합니다. 이 상태에서 법칙으로 설명할 수 없는 예외가 법칙내의 원리보다 더 많아지면 그 법칙은 더 이상 효과를 발휘하지 못합니다. 그러다 세상에 있는 모든 원리와 예외를 설명하는 새로운 법칙이 나오면 기존의 법칙은 사라집니다.

저는 창의적인 아이디어가 이전의 사례에서 언급된 '예외' 에 해당한다고 생각합니다. 사실 예외는 귀찮습니다. 사람들은 세상의 모든 것이 규칙 안에서 움직이길 원하고 그 규칙에 어긋나는 것은 별종으로 취급합니다. 학교에서 영어를 배울 때도 이런 태도는 그대로 적용됩니다. 동사가 변하는 방식이 일정하게 정해져 있는데도 이 원리에 어긋나는 예외는 너무 많습니다. 어쩔 수 없이 다 외워야 하기 때문에 공부하면서 스트레스가 많이 쌓일 수 밖에 없습니다. 단순한 공부도 이 정도인데, 사회생활을 하면서 창의적인 사람들이 겪어야 하는 스트레스는 우리가 상상하기 어려울 정도로 클 것입니다.

하지만 세상을 바꾼 것은 모두 창의적인 아이디어였습니다. 주위 사람들에게 도움이 되는 것을 만들기 위해서도 창의력은 필요합니다. 기업가의 입장에서도 창의력은 중요합니다. 주어진 일만 하는 사람과 회사에 도움이 되는 것을 말하지 않아도 척척 만들어내는 사람 중 한 명을 해고시켜야 한다고 가정했을 때 사장의 고민은 그리 길지 않을 것입니다. 당연히 주어진 일만 하는 사람은 쉽게 버림받습니다. 그 일을 할 수 있는 다른 직원을 해고된 직원의 자리로 배치하면 그뿐입니다.

제가 창의력을 길러야 한다고 지속적으로 권하는 이유는 이 능력이 우리 아이의 인생을 결정하는데 가장 중요한 요소이기 때문입니다. 현대사회에서 가장 중요한 것은 사람들에게 중요한 무언가를 만들어내는 일입니다. 또한 그 무언가는 지금까지 세상에 있던 것과 비교했을 때 확실한 차별성을 갖추어야 합니다. 하지만 그 무언가를 만들어 낼 수 있는 사람이 적기 때문에 이런 과정을 수행할 수 있는 사람에 대한 상대적인 반사

이익이 큰 편입니다.

　우리는 살면서 세상을 위해 의미 있는 일을 해야 합니다. 적당주의로 살아가는 것도 나쁘지는 않지만 그렇게 시간을 보내기에는 우리의 인생이 너무 아깝습니다. 끊임없이 공부하며 자신을 발전시키고 이 과정을 통해 주변 사람들을 더 빛나게 만들어주는 것이 귀한 인생을 살아가는 우리의 사명이라고 생각합니다. 특히 부모라면 아이에게 이와 같은 학문의 길을 알려주어야 할 의무가 있습니다.

아이들은
미래의 희망이다

'잃어버린 10년(Lost Decade)'이라는 말이 있습니다. 이는 일본의 장기불황을 의미하는 것으로 그 원인은 1990년을 전후해 시작된 부동산 버블의 붕괴였습니다. 그 때 입은 타격으로 생긴 불황이 지금까지 이어지고 있죠. 혹자들은 이제 이 표현을 '잃어버린 20년'으로 바꾸어야 한다고 주장합니다.

그런데 이런 위기가 있었던 것은 일본만이 아닙니다. 유럽의 복지국가로 유명한 스웨덴에서도 비슷한 위기가 있었던 것이죠. 원인은 일본과 마찬가지로 부동산 버블이었습니다. 한없이 높게 올라갔던 집값이 폭락하면서 경제에 직격탄을 날렸습니다. 재미있는 점은 이렇게 경제적으로 타격을 입었는데도 스웨덴은 일본에 비해 그 회복 속도가 빨랐다는 것입니다. 1990년대 초에 위기를 맞았다는 점은 일본과 같았지만 90년대 중반에 이르게 되면 스웨덴은 이전의 경제성장률을 완전히 회복하게 됩니다. 그렇다면 스웨덴과 일본의 차이점은 과연 무엇이었을까요?

일본이 경제 불황시기에 선택한 것은 건설경기 부양책입니다. 1992년부터 95년까지 부동산 시장의 붕괴를 막기 위해 원화로 700조원이 넘는 돈을 투자했습니다. 기준금리 역시도 개혁대상이었습니다. 1990년 8월 연 6%였던 기준 금리는 1994년에는 연 1.75%까지 내려갔습니다. 물론 이 대책은 실패로 끝났고 일본은 그 결과를 온몸으로 받아들이는 중입니다.

반면에 스웨덴이 취한 조치는 일본과 정 반대였습니다. 경제위기가 한창이던 1991년 스웨덴은 매우 어려운 재정상황에도 불구하고 GDP의

1%가 넘는 재정을 투입해 공공보육 시설을 확대하고 무상보육체제를 확립하였습니다. 이런 결단을 하게 된 계기는 스웨덴이 자랑하는 최고의 경제학자 뮈르달 부부의 영향이 컸습니다. 그들은 1934년에 이미 '인구 문제의 위기(Crisis in the Population Question)'라는 저서를 통해 스웨덴이 출산율 저하로 인해 경제성장률이 낮아질 것이라는 예측을 했었죠. 이에 대한 해결책으로 그들은 아이를 키우는 젊은 세대를 위한 복지를 확장해야 한다고 주장했습니다. 이를 촉진시키기 위한 수단으로 제시된 것은 양육수당, 아동수당 및 주거비 지원이었습니다.

청년의 실질적인 소득기반을 확충하는 것에 중점을 두었던 스웨덴의 이러한 전략은 결국 기대했던 효과를 발휘하기 시작했습니다. 부동산에 대한 실질적인 수요가 늘어나 2000년 이후에는 집값도 상승하기 시작했죠. 이 같은 정책은 2000년대 스웨덴 경제 호황의 놀라운 밑거름을 제공하였습니다.

일본과 스웨덴의 가장 큰 차이점은 투자를 한 대상이 달랐다는 것입니다. 경제위기의 여파를 딛고 불황의 늪에서 벗어난 스웨덴의 경우를 살펴보면 그들은 향후 미래를 이끌게 될 인적자원을 중요하게 생각했습니다. 교육은 한 개인을 살리기도 하지만 국가의 기반을 확고하게 다지는 데 도움이 되기도 합니다. 문제는 무엇을 배울 것이냐 입니다.

가수 이적의 엄마로 잘 알려진 박혜란 씨는 저서인 '믿는 만큼 자라는 아이들'을 통해 자녀 안에 감추어진 잠재력을 신뢰하고 아이의 의견을 존중할 것을 당부했습니다. 그녀는 아들 세 명을 모두 서울대에 입학시키며 주변 사람들의 부러움을 한 몸에 받았습니다. 그러나 그녀는 책에서 자신이 한 것은 거의 없다고 말합니다. 그녀가 한 일은 딱 하나, 아이들이 자신의 꿈을 펼칠 수 있도록 의견을 존중하고 그들의 삶에 간섭하지 않았던 것입니다. 강압적인 지시보다는 따뜻한 말을 통해 아이들의 성취동기를 강화시키고 그들이 꿈을 펼칠 수 있도록 자유로운 환경을 만들어주는 것이 중요하다는 사실을 그녀는 몸소 증명해 보였습니다.

앞서 소개된 일본과 스웨덴의 사례를 통해 우리는 미래를 이끌어 갈 세대에 대한 투자가 중요하다는 사실을 확인했습니다. 그 영역이 경제라면 스웨덴처럼 청년을 지원하는 것이 맞지만 교육의 경우에는 그 연령이 더 아래로 내려가야 합니다. 자유롭게 생각할 수 있도록 하는 환경을 만들어주려면 어린 시절부터 아이의 의견을 존중하고 그들이 생각의 나래를 펼칠 수 있도록 다양한 활동을 지원해주는 일이 무엇보다도 중요하기 때문입니다. 물론 이 역할에 가장 신경써야 할 사람은 아이의 옆에 가장 오래 있는 학부모입니다. 우리는 아이들이 무엇을 보고 배우느냐에 따라 미래가 결정된다는 사실을 잊지 말아야 합니다.

안타깝게도 지금 아이들이 배우는 것은 그리 긍정적이지만은 않습니다. 경기도 부천시 중동초등학교에서 근무하는 주은희 선생님이 오마이뉴스로 보낸 시 한 편이 이를 단적으로 드러냅니다. 이 작품은 그녀가 맡고 있는 반의 한 학생이 교과서에 수록된 신형건 시인의 동시 '거인들이 사는 나라'를 각색해 창작한 것입니다. 같은 반 친구들에게 '너무 잘 썼

다, 공감된다' 라는 폭발적인 반응을 불러일으키기도 했죠. 시의 내용을
한 번 살펴보도록 하겠습니다.

단 하루만이라도 어른들을 학원국으로 보내자.
그곳에 있는 것들은 모두 학원이겠지.
학원을 쉬지 않고 다니면 지칠 거야.
4시간동안 수업 받으면 얼마나 답답할까?
아마 4시간이 40시간처럼 느껴지겠지.
천재들은 성큼성큼 선행학습하고 어른들은 뒤쳐질 텐데.
글쎄 온 힘을 다해 공부해도
천재를 따라가기 힘들 때는
보충수업에 갇힐 거야.
뭘 꾸물거리느냐고 선생님은 화내고 친구들은 놀려대겠지.
어른들은 쩔쩔맬거야.
그때, 어른들은 무슨 생각을 하게 될까?

학생들은 초등학교 시절부터 경쟁의 중요성을 깨닫고 자신 이외의 문
제에는 귀를 닫아버립니다. 상대방을 밟고 일어서야만 살아남을 수 있는
척박한 환경에 놓이기 때문에 배려나 사랑의 가치를 깨닫기보다는 약육
강식의 원리를 먼저 체득하는 것이죠. 이런 상황은 아이들에게도 나라의
미래를 위해서도 그다지 바람직한 방향이 아닙니다.

우리의 미래를 이끌 아이들에게 가장 필요한 것은 다른 사람들을 배려
하도록 돕는 인성을 길러주는 일과 세상을 아름답게 만드는데 도움이 되

는 아이디어를 만들어내는 방법을 알려주는 일입니다. 사람들에게 한국 교육의 문제점을 물어보면 거의 대부분 암기교육이라고 말합니다. 그러나 저는 암기교육은 어떤 원인에 의해 나타난 결과라고 생각합니다. 암기교육이라할지라도 올바른 방법으로 잘 익힌다면 큰 도움이 됩니다.

암기교육이라는 현상이 문제가 되는 이유는 **'학습한 지식을 어떻게 활용해야 할지에 대한 구체적인 방안을 교육받지 못하는 현실'** 때문입니다. 인도의 교육 역시 암기식이 주가 되지만 이를 잘 활용할 수 있도록 돕는다는 점에서는 한국과 큰 차이가 있습니다. 베다 수학이 이를 설명하는 좋은 사례가 됩니다. 우리는 구구단을 익힐 때 9단까지만 암기하지만, 이들은 19단(19×19)까지 외웁니다. 그 목적은 빠른 연산능력을 키우기 위한 것입니다. 이 능력을 갖추게 된 인도학생들은 남들과 다른 빠른 계산력을 앞세워 문제를 창의적으로 해결하는 법을 배웁니다. 앞서 소개되었던 점자 프린터를 발명한 슈밤 배너지 역시 인도계 이민 2세였다는 사실을 기억해주시기 바랍니다.

창의력이란 전후맥락 속에서 상황을 이해하고 이를 기반으로 대안을 제시하거나 문제를 해결하는 능력을 의미합니다. 창의력에 있어 가장 중요한 것은 창의력을 발휘해야 할 사람이 얼마나 다양한 생각을 할 수 있는지의 여부입니다. 다양한 생각을 하려면 많은 것을 경험하고 익혀야 합니다. 책을 통해서든 여행이나 영상을 통해서든 무언가를 받아들인 사람은 그렇지 않은 사람들에 비해 생각의 폭이 넓습니다. 오늘날 필요한 창의력은 무에서 유를 만들어내는 능력이라기보다는 여러 현상이나 사물에서 필요한 것을 추출하여 새롭게 만들어내는 능력에 가깝습니다.

그렇기 때문에 창의력은 지식교육과 밀접한 관련성이 있습니다. 요리 대회에 나간 청년 둘을 떠올려봅시다. 한 사람은 상해서 사람들이 먹지도 않는 새우 한 마리를 가졌고 다른 한 사람은 최고급 참치와 밥, 야채 및 각종 소스를 가지고 있다면 당연히 후자의 사람이 공을 덜 들이고도 더 맛있는 요리를 만들어낼 것입니다. 여기서 음식재료는 지식, 조리과정은 생각의 조합입니다. 아무것도 없으면 무언가를 만들어낼 때 힘이 듭니다. 새우 한 마리를 가진 청년은 상한 재료를 살리기 위해 갖은 노력을 다해야 합니다. 반면에 최고급 참치를 가진 사람은 이를 썰어서 회로 만든 뒤 고추냉이가 섞인 간장을 내는 것만으로도 최고의 요리를 만들 수 있죠. 드는 노력은 적지만 효과는 훨씬 좋습니다.

저는 이 글을 읽고 있는 부모님들이 자녀에게 부족한 것이 무엇인지 생각해보았으면 합니다. 생각을 할 수 있는 재료가 부족한지, 아니면 이를 표현할 마땅한 수단이 부족한지 알아보는 일은 매우 중요합니다. 이 두 가지 조건은 아이가 스스로 인생을 살아가는데 있어 꼭 필요한 요소입니다. 그렇지 않으면 시키는 일만 하다 자신의 꿈을 펼쳐보지도 못하고 세상을 떠날 가능성이 높습니다. 우리들의 자녀는 어떻게 자라나야 할까요? 적어도 남의 심부름을 하며 평생을 보내는 사람이 되는 걸 좋아할 부모는 어디에도 없을 것입니다.

한국 교육이 바뀌기 위해서 가장 중요한 집단은 바로 지금 교육을 받고 있는 학생들입니다. 그들에게 우리가 무엇을 줄 수 있을지 진지하게 고민해봅시다. 부모는 아이들이 올바른 가치관을 바탕으로 인생의 목적을 자각하고 세상을 이롭게 하며 최선을 다하는 인물이 되는데 필요한 노력을 아끼지 말아야 합니다. 아이들의 행복과 비전은 바로 부모님이 이런 자세를 가지고 있느냐 그렇지 않느냐에 따라 결정됩니다.

장기적인 관점으로
세상을 바라보자

우리가 이토록 열심히 공부하는 이유 중 빠지지 않는 것은 좋은 학교와 직장입니다. 이를 결정하는데 가장 지대한 영향을 미치는 수능도 여기에 포함되죠. 수능을 잘 보면 좋은 학교에 갈 수 있는 것은 사실입니다. 하지만 궁극적으로 보았을 때 수능이 인생에 도움이 되는 것일까요? 저는 이 책에서 여러분들께 장기적인 관점으로 세상을 바라보며 수능보다 더 큰 가치를 추구해야 된다고 여러 차례 강조했습니다. 하지만 기성세대의 생각은 쉽게 바뀌지 않습니다. 경험이라는 불변의 진리가 자리잡고 있기 때문입니다.

이 문제를 해결하기 위해 우리가 활용할 수 있는 것은 역사입니다. 과거의 사건은 현재를 비추는 거울이자 우리가 앞으로 어떻게 행동해야 할지 알려주는 중요한 지표입니다. 이런 상황에서 가장 이상적인 사례는 수능 만점자 혹은 최고점자의 인생이 어떻게 변했는지 확인하는 것입니다. 다행히도 실제 이런 사례가 있었습니다. 중앙일보 청춘리포트팀이 중심이 되어 '수능 수석 추적 프로젝트'를 진행한 것이죠. 연구팀은 뛰어난 브레인을 취재한다는 생각에 기대감이 컸습니다. 수능에서 수석을 차지했던 청춘들은 인생에서도 1등이 되었을까요?

결과는 예상과 많이 달랐습니다. 많은 사람들이 기대했던 것 그 이상도 이하도 아니었기 때문입니다. 이들은 대다수 서울대에 진학했고 대학 졸업 이후에는 문과 수석들은 법조인, 이과 수석들은 의사가 되었습니다. 물론 시대별로 차이는 있었습니다. 이과 수석들의 경우 2000년도를 기준으로 보았을 때 이전에는 물리학과 같은 순수 이공계 학문을 택했지만 이후에는 의대에 진학하는 비율이 압도적으로 높았죠. 이를 가르는 기준은 IMF입니다. 회사가 무너지고 사람들이 일자리를 잃는 것을 보면서 보다 안정적인 방향으로 진로를 선회한 것입니다.

그런데 재미있는 사실은 이들조차도 한국 교육에 대해 그리 우호적인 입장이 아니었다는 것입니다. 2006학년도 수능시험에서 전국 수석을 차지하고 이후 사법고시를 패스하여 변호사가 된 박지원 씨는 언론사와의 인터뷰에서 한국교육을 다음과 같이 평했습니다.

"고등학교 교육은 수능에도, 인생에도 별로 도움이 안 됐어요. 단지 수능을 잘 보기 위해서라면 차라리 검정고시로 학업을 마치고 수능 공부만 해서 대학에 일찍 들어가는 게 나았을 것 같아요."

노벨상 수상자의 의견도 이와 별반 다르지 않습니다. 2014년 청색

LED로 노벨상을 수상한 나카무라 슈지 교수는 아시아의 교육 시스템에 문제가 많다고 주장합니다. 그가 바라보는 교육은 어떤 모습을 하고 있을까요?

"일본의 입학시험은 아주 최악이며 중국, 한국도 마찬가지이다. 모든 고등학생의 경우 그들의 공부 목적은 이름난 대학에 들어가는 것 하나밖에 없다. 아시아에서의 교육 시스템은 시간만 낭비하게 만든다. 젊은 후세대들은 다른 방식으로 공부하는 방법을 배워야 한다."

사실 나카무라 교수가 이렇게 부정적인 의견을 대중들에게 던지게 된 배경에는 그가 회사에서 겪었던 차별대우가 큰 몫을 차지하고 있습니다. 1993년도에 세계 최초로 청색 LED를 개발한 그는 소속된 회사인 니치아 화학이 연간 10억 달러가 넘는 매출을 올리는데 크게 기여했습니다. 그러나 이런 공로를 세웠음에도 그가 회사로부터 받은 것은 20만원의 포상금, 그리고 과장으로의 승진이었습니다. 특허 발명권도 회사에 귀속되었죠. 이에 불만을 품은 그는 1999년에 회사를 나온 뒤 미국대학의 교수가 됩니다. 보수적인 분위기와 교육 방식에 지칠대로 지친 그의 마음이 반영된 결과였습니다.

그런데 생각해보면 한국의 학생들은 이보다 더 심한 차별대우를 받습니다. 사회에서 원하는 공부를 하지 않으면 집이나 학교, 학원 등 어느 곳에 있어도 스트레스에서 자유롭지 못합니다. 하고 싶은 것보다는 해야 할 것에 집중합니다. 회사와의 스트레스 만으로도 교육에 대해 이렇게 부정적인 감정을 가지게 되었던 나카무라 교수의 모습으로 미루어 볼 때 학생들이 바라보는 교육이 긍정적일 것이라고 기대하기는 많이 어렵습니다. 이런 상황에서 우리는 무엇을 할 수 있을까요?

2013년 11월 전 세계를 렛잇고 열풍에 빠뜨린 영화 '겨울왕국(Frozen)' 에는 올라프라는 이름을 가진 재미있는 눈사람이 등장합니다. 그의 꿈은 여름에도 돌아다닐 수 있는 눈사람이 되는 것이죠. 한 때는 몸이 녹아버리는 시련을 겪기도 하지만 영화의 마지막에는 주인공인 엘사의 도움을 통해 꿈을 성취합니다. 만약 우리 아이들이 올라프처럼 꿈과 상상력을 가지고 노력할 수 있는 환경을 교육이 제공해준다면 이는 더 흥미롭고 생산적인 일이 될 것입니다. 물론 상상력만으로 좋은 결과가 나오는 것은 아닙니다. 주변에서 꿈을 이룰 수 있도록 끊임없이 격려해 주어야 가능하죠. 저는 그 역할을 해 줄 수 있는 사람이 부모라고 생각합니다. 아이가 행복해야 공부가 재미있습니다. 또한 꿈을 향해 달려가도록 믿고 기다려주는 부모가 아름답습니다. 이 사실을 기억하는 부모님들이 많아진다면 아이들도 공부를 하며 큰 보람을 느낄 것입니다. 이 글을 읽는 학부모님들이 이런 생각을 하는데 필요한 정보를 이 책에서 얻을 수 있게 된다면 제게는 더할 나위 없는 큰 기쁨이 될 것입니다. 이 책을 통해 아이의 꿈을 이해하고 밝은 미래를 만들며 행복을 추구하는 아름다운 가정이 많이 생기게 되길 진심으로 기원합니다.

성공적인 자녀로 키우는 창의형 학습전략

학부모의 진짜 공부

1판 1쇄 발행 2016년 9월 10일
지은이 정의석 **펴낸곳** 북씽크 **펴낸이** 강나루
주 소 서울시 성동구 행당동 192-29 성동샤르망 1019호 **전 화** 070-7808-5465
등록번호 제206-86-53244
ISBN 978-89-97827-81-7 **이메일** bookthink2@naver.com
Copyright ⓒ 2016 정의석

＊잘못된 책은 구입처에서 교환해 드립니다